Livres déjà parus de la même auteure:

Écoute ton corps – ton plus grand ami sur la terre

Listen to your best friend your body

Qui es-tu?

Je suis Dieu Wow!

Les relations intimes (Collection ETC)

La responsabilité, l'engagement et la culpabilité (Collection E

À paraître en 1993:

Les peurs et les croyances

Les relations parents et enfants

La séparation et le divorce

L'argent et l'abondance

Dépôt légal:

Bibliothèque Nationale du Québec

Bibliothèque Nationale du Canada

Quatrième trimestre 1992

ISBN: 2-920932-07-1

Première édition

Publié par:

Les Éditions E.T.C. Inc.

9675 Papineau, bureau 380

Montréal, Canada

H2B 1Z5

(514) 382-7361

ligne sans frais 1-800-361-3834

Télécopieur: (514) 382-7075

Collection

ÉCOUTE TON CORPS

LISE BOURBEAU

répond à vos questions sur:

LA RESPONSABILITÉ L'ENGAGEMENT ET LA CULPABILITÉ

2

ÉDITIONS E.T.C. INC.

REMERCIEMENTS

Merci à tous ceux
et celles qui assistent à
mes conférences
et ateliers.
Grâce à votre recherche
d'une meilleure
qualité de vie,
à votre intérêt pour les
enseignements
d'Écoute Ton Corps
et à vos multiples
questions,
j'ai pu créer cette

Collection Écoute Ton Corps.

*Un gros merci aux personnes
très spéciales qui
continuent depuis le début
à collaborer avec moi afin de
réaliser tous les livres
parus à date.*

Table des matières

INTRODUCTION

Les questions dans ce livret m'ont toutes été posées par des hommes et des femmes comme vous lors de mes conférences et de mes cours.

Ce recueil a été conçu pour vous assister dans la mise en pratique des notions que j'ai déjà couvertes dans mes trois premiers livres. À ceux qui ne les ont pas lus, je suggère fortement de le faire avant d'entamer la lecture des pages qui suivent.

Pour tirer vraiment avantage de ce livret, lisez la question et trouvez d'abord votre propre réponse avant de lire la mienne.

Vous remarquerez qu'il y a plus de questions provenant du sexe féminin que du sexe masculin. C'était à prévoir puisque les femmes sont plus nombreuses que les hommes à suivre des cours de croissance personnelle et à assister aux conférences. C'est le principe féminin en soi qui nous dirige vers une recherche intérieure personnelle. Par ailleurs, vous noterez que la plupart des questions auraient pu être posées autant par des hommes que par des femmes.

À quelques reprises dans les réponses, je fais allusion au besoin de pardonner aux autres et de se pardonner soi-même. Étant donné l'importance d'un tel sujet, je n'ai pas élaboré davantage jugeant plus approprié de le traiter en profondeur dans un prochain livret. Je fais aussi allusion au fait que chaque personne croisée sur notre route peut nous aider à nous connaître personnellement. J'explique cette théorie du “miroir” dans mon premier livret, ***Les Relations Intimes***.

Certaines des questions de ce livret peuvent revenir dans d'autres livrets car elles touchent plusieurs thèmes étroitement liés comme, par exemple, la responsabilité et la culpabilité avec les émotions, la communication et la peur.

Toutes les réponses données dans ce livret sont basées sur une approche qui a fait ses preuves et qui est au coeur de la philosophie de vie enseignée par le **Centre Écoute Ton Corps**. Je ne prétends pas pour autant avoir **LA** réponse à tout. Mais avant de vous dire: *"Je suis sûr que cette solution n'aura pas le résultat que je veux"*, je vous suggère fortement de l'expérimenter au moins trois fois avant de la mettre de côté. Ne vous faites pas jouer de tour par votre mental! Laissez plutôt votre coeur décider et non la peur créée par le plan mental.

Si vous persistez à n'utiliser que ce que vous avez appris dans le passé pour gérer votre moment présent et que vous n'expérimentez rien de nouveau, ne soyez pas surpris s'il n'y a pas grand chose qui change pour le mieux dans votre vie.

Vous voulez de l'amélioration? Choisissez alors de vivre de nouvelles expériences!

Bonne chance!

Avec amour,

LISE BOURBEAU

Lise Bourbeau répond à vos questions sur

La responsabilité, l'engagement et la culpabilité

Que veut dire "être responsable"?

Être responsable, c'est la capacité d'assumer les conséquences de chacune de nos décisions, nos actions, nos paroles et nos réactions. J'ai bien dit "nos" et non celles des autres! Ce qui laisse entendre que nous ne sommes pas responsables des événements extérieurs qui nous touchent directement comme, par exemple, ce que les autres nous font ou nous disent. Il se peut que nous ne soyons pas responsables d'un accident d'automobile ou d'un incendie dans notre maison; par contre, nous sommes bel et bien responsables de nos réactions face à ces événements! Voilà ce qui fait toute la différence. Notre réaction face à un événement quelconque entraîne une suite d'actions qui peuvent être très différentes selon la réaction choisie ou décidée. Tout ce qui nous arrive est là pour nous aider à prendre la responsabilité de notre vie, c'est-à-dire à assumer les conséquences de nos choix.

Comment être soi-même sans blesser personne autour de soi?

La prochaine fois que vous serez dans le doute, demandez-vous: *"Est-ce que j'ai réellement blessé cette personne ou est-ce que je pense l'avoir blessée?"* Nous nous sentons souvent responsable de l'émotion ou de la blessure de quelqu'un d'autre avant même d'avoir vérifié s'il y a eu une blessure véritable. Personne sur Terre n'est responsable de la réaction de quelqu'un d'autre. D'ailleurs, même s'il y avait une intention de causer du tort, qui dit que l'autre serait effectivement blessé? Nous blessons parfois sans le vouloir et d'autres fois, nous voulons blesser mais sans y parvenir. Il est impossible d'être assuré des réactions des autres face à nous.

L'important est d'être vrai, d'être soi-même. Admettons que vous avez quelque chose à dire à quelqu'un. Si, en vous basant sur certaines de vos expériences passées, vous croyez que vous risquez de blesser cette personne en étant vrai, je vous suggère ceci: avant d'exprimer quoi que ce soit, commencez par la phrase suivante: *"J'ai quelque chose à te dire et j'ai peur que cela te blesse. Je peux t'assurer que mon intention n'est pas de te faire du mal. J'ai besoin de te le dire parce que j'ai le goût d'être vrai avec toi."*

Je suis une personne très spontanée. Je travaille en groupe et je donne souvent mon

opinion. Je trouve cela important d'être vraie. J'apprends par la suite que certaines personnes se sont senties attaquées. De plus, mon patron m'a aussi demandé de faire plus attention. Quelle attitude adopter?

Lorsque plusieurs personnes travaillent en groupe, surtout dans le milieu du travail, il doit y avoir un juste milieu. C'est bien beau d'être spontanée mais faites attention aux excès. Si vous avez beaucoup de difficulté à réfléchir avant de parler, il est important d'en aviser le groupe en disant par exemple: *"Je veux vous avertir que je suis très spontanée et qu'il se peut que je parle trop vite."* C'est une simple question de charité humaine. Quand nous savons d'avance que nous pourrions causer un malaise, il est bon de se demander si ce que nous voulons dire ou faire est vraiment nécessaire. J'ai mentionné plus haut que nous devons être vrai. Ceci ne veut pas dire que vous devez tout dire mais que lorsque vous avez besoin de parler à quelqu'un, ce que vous dites doit être vrai!

Si les gens se sentent attaqués par vous et que cela arrive régulièrement, il y a peut-être effectivement un soupçon d'attaque dans votre attitude. Demandez-leur de vous en parler au fur et à mesure afin de pouvoir tout de suite vérifier si vous aviez effectivement l'intention d'attaquer quelqu'un. Sachant qu'il n'y a pas de fumée sans feu, prenez donc le temps de vérifier votre motivation. Cela ne veut pas dire que vous devez étouffer votre spontanéité. Être spontanée peut être très bénéfique à certaines occasions mais dans d'autres il est préférable de réfléchir avant d'exprimer tout ce qui vous traverse l'esprit. Vous n'êtes pas responsable des émotions que les autres vivent mais je vous suggère tout de même d'être plus prudente et d'apprendre à modérer votre spontanéité.

Comment aider une personne qui fait une dépression?

Avant d'aider qui que ce soit, il est important de vérifier si la personne accepte de se faire aider. Les personnes en profonde dépression ne veulent généralement pas se faire aider. Il est très frustrant et vidant d'essayer d'aider quelqu'un qui se ferme à notre aide. La plupart du temps, ces personnes vous diront: *"Laisse tomber, occupe-toi de tes affaires. Je suis parfaitement capable de m'organiser tout seul, je ne suis pas malade."* Elles peuvent même s'imaginer que ce sont les autres qui ne sont pas corrects. Si la personne dont vous me parlez a cette attitude, respectez tout simplement son désir de s'en sortir toute seule.

Vous pourriez la visualiser baignant dans sa propre lumière, pour que cette lumière la guide sur la bonne voie. Si la personne dit avoir besoin de votre aide, demandez-lui ce qu'elle espère ou ce qu'elle attend de vous. Cela ne veut pas dire que vous devez mettre votre vie de côté pour lui venir en aide. Vous avez vos limites et vous devez les respecter. Si vous êtes en mesure de lui apporter l'aide qu'elle vous demande, c'est merveilleux. Mais attention! Parfois, nous voulons aider les gens mais à la condition que ce soit à notre façon, selon ce que nous croyons être le mieux pour eux.

Lorsque la personne vous spécifie la forme d'aide qu'elle souhaite recevoir de vous, même si cela vous semble insensé, acceptez l'idée que ce n'est pas à vous de juger de ce qui est bon pour elle. Faites-le dans la mesure du possible, sans analyser ou essayer de comprendre. Par exemple, si la personne vous dit: *"J'aimerais bien que tu joues aux cartes avec moi tous les soirs, cela me détend"*, et que cela vous est possible, allez-y. Sinon dites-lui que c'est trop vous demander: *"Non, je regrette mais je ne peux pas. Je peux aller jusqu'à..."* et dites-lui jusqu'où vous êtes prêt à aller. Vous n'êtes pas sur Terre pour solutionner les problèmes des autres. Par contre, le service à autrui, sans attentes, est une énergie spirituelle très élevée et il est merveilleux d'aider quand c'est dans le domaine du possible.

Comment ne pas me sentir coupable quand mon conjoint me délègue constamment ses responsabilités?

Premièrement, votre conjoint ne peut pas vous déléguer ses responsabilités. Vous parlez sûrement de ses engagements. Deuxièmement, y a-t-il déjà eu une entente ou un engagement clair entre vous deux à ce niveau? Qui est chargé de s'occuper de quoi? Votre conjoint aura toujours à assumer les conséquences de ses actes. S'il ne veut s'occuper de rien, il serait bon d'aller vérifier ce qui se cache derrière son attitude. Croit-il, selon son éducation, que toutes les tâches familiales reviennent à la femme? A-t-il peur de ne pas être à la hauteur? A-t-il peur de vous déplaire et d'être critiqué? Manque-t-il de confiance en lui-même? Profitez de cette situation pour communiquer davantage avec lui.

Regardez aussi du côté de vos croyances. Se peut-il que vous n'ayez pas tellement confiance en la capacité des hommes de s'occuper d'une famille? Se peut-il que vous vous croyiez responsable du bonheur de tous? Pour en avoir le coeur net, posez-vous la question suivante: vous sentez-vous facilement coupable dès que quelque chose ne va pas chez un membre de votre famille ou dans la gestion du budget, etc? Vous n'avez pas été attirée par ce conjoint par hasard. Nous avons besoin de nous entourer de différentes personnes pour apprendre à nous connaître. Quand vous cesserez de blâmer votre conjoint et que vous regarderez plus profondément en vous, je suis assurée que les choses changeront pour le mieux dans votre vie de couple.

Que voulez-vous dire exactement par l'expression "s'engager"?

S'engager, c'est se lier à quelqu'un ou à quelque chose par une promesse verbale ou écrite. Plusieurs personnes se croient engagés mais ne font qu'y penser. Voilà une grande source d'émotions fréquentes. Un engagement est toujours au niveau du "avoir" ou du "faire". C'est donc au plan matériel. Tandis que la responsabilité est du domaine de l'"être", le domaine spirituel. C'est pourquoi un engagement doit être exprimé d'une façon claire et précise. C'est aussi mesurable en temps, en espace ou en argent, etc.

Un point important à se souvenir est qu'un engagement ne peut pas être pris pour une autre personne. Par exemple: l'épouse ne peut pas accepter une invitation au nom du couple sans avoir auparavant consulté son conjoint et que ce dernier ait lui-même accepté. De même, quand un des conjoints s'engage à être fidèle à l'autre, ça ne veut pas dire qu'automatiquement l'autre s'est engagé.

Quand vous vous voyez dans l'impossibilité de tenir votre promesse, vous devez d'abord vous donner le droit de vous désengager. Ensuite, vous en faites part verbalement ou par écrit à la personne concernée. La même chose s'applique face à un engagement envers vous-même. Plus loin dans ce livret vous trouverez plus de détails sur la notion de désengagement.

Je suis constamment à l'étude de moi-même, utilisant soit les événements qui m'entourent, soit les paroles que j'attirent des autres, etc. Je finis par trouver cela épuisant de toujours me demander ce que j'ai à apprendre de mes expériences. Je veux être une personne responsable et je veux savoir comment m'y prendre pour que cela soit plus facile. Suis-je trop perfectionniste?

Votre côté perfectionniste semble en effet très fort. Vous voulez vous améliorer et c'est merveilleux. Mais si vous trouvez cela "épuisant", c'est parce que vous ne respectez pas vos limites. Faire de la croissance personnelle et vouloir se connaître ne devrait jamais être épuisant. Cela demande bien sûr des efforts mais un effort n'est pas nécessairement épuisant.

La prochaine fois qu'il vous arrivera quelque chose et que vous irez voir à l'intérieur de vous, procédez différemment. Dès que vous réalisez que vous êtes en train de vous dire: *"Ah non, pas encore!"*, et que vous vivez cela difficilement, soyez plus doux envers vous-même. Soyez compréhensif et donnez-vous la permission de ne pas comprendre sur-le-champ. Vous utilisez beaucoup trop votre intellect à force de vouloir décortiquer tout ce qui vous arrive.

Il est plus facile et moins fatigant de se dire: *"Bon, ceci m'arrive. Je sais qu'une partie de moi a attiré cette situation mais je ne m'acharnerai pas à vouloir tout comprendre intellectuellement."* Demandez à votre **DIEU** intérieur de vous éclairer et laissez-vous guider. Acceptez ce qui arrive, constatez que c'est là mais que vous n'avez pas à vous épuiser pour comprendre. Mettez tout cela de côté et, à un moment donné, vous aurez une espèce d'illumination. Vous vous direz: *"Je viens de comprendre!"* Vous savez fort bien que vous finirez par comprendre de toute façon mais le processus aura été bien plus agréable et plus facile.

L'important est que vous sachiez que quelque chose en vous déclenche les événements de votre vie. Avoir accepté l'idée que les événements sont là pour vous aider à grandir est déjà un grand pas de fait pour vous. Il est merveilleux que vous preniez votre responsabilité. Par contre, vouloir tout comprendre ne fait que cristalliser une trop grande quantité de votre énergie au niveau de l'intellect et cela n'est pas nécessairement bon pour vous.

Dans votre notion de responsabilité, vous semblez éliminer l'idée que l'union fait la force. Ne serait-il pas plus juste de partager la responsabilité afin de vivre plus d'expériences?

Je suis d'accord avec vous: l'union fait la force. Je trouve merveilleux que des personnes s'unissent pour atteindre un but commun mais il est impossible de partager notre responsabilité avec quelqu'un d'autre. Lorsque nous avons un but commun, nous pouvons partager les tâches et nous engager à faire certaines choses. Si, par exemple, tous les humains s'unissaient pour aider la planète Terre à aller vers la lumière, il est évident que cela débuterait par un engagement personnel. Chacun de nous serait alors responsable de son propre engagement. En croyant que nous partageons une responsabilité, il est presque assuré que nous nous sentirons coupables ou bien que nous accuserons l'autre si nous n'arrivons pas au résultat désiré. Chacun a sa propre responsabilité et prendre sa responsabilité, c'est se dire: *"Ai-je fait la chose à laquelle je m'étais engagé? Est-ce que je me sens bien face à ce que j'ai accompli?"* Que ce soit une tâche au travail ou autre chose, nous devons toujours faire notre propre examen de conscience en répondant à ces questions.

Doit-on donner des conseils quand l'autre ne demande rien?

En général non, on ne doit pas. Il est mieux d'attendre que la personne nous le demande. Mais il nous est parfois très difficile de voir quelqu'un dans le pétrin ou en train de vivre des choses difficiles, surtout si c'est quelqu'un de très proche. Nous voulons son bonheur, ce qui est une bonne chose en soi. Cependant, il est évident que si une personne ne nous a pas demandé de conseil et que nous lui en servons un quand même, son attitude risque d'être fermée et peu accueillante. Loin d'avoir l'impact désiré, elle peut même se dire:

"Mais je ne lui ai rien demandé, qu'elle se mêle donc de ses affaires!"

Mais si c'est plus fort que vous, si vous vous sentez poussé à le faire, vous pouvez quand même lui donner votre conseil mais après lui avoir demandé la permission de le faire. Dites-lui que vous avez un grand désir de l'aider. Vous pouvez même ajouter: *"Me permets-tu de te donner un conseil? J'ai le désir de t'aider. Toutefois, sens-toi libre d'en faire ce que tu veux."* À ce moment-là, l'ouverture face à vous est beaucoup plus grande. Il y a de fortes chances qu'elle constate que vous êtes prêt à donner votre conseil sans aucune attente.

C'est l'aspect le plus important: vous devez accepter d'avance que cette personne n'est pas obligée de croire aux mêmes choses que vous. Elle peut vous écouter mais c'est à elle seule de décider si elle veut utiliser votre conseil ou non. Si la personne répond qu'elle ne veut rien entendre, vous disant: *"Laisse tomber, je sais déjà ce que tu vas me dire"* ou *"Laisse faire, tu ne peux pas m'aider"*, vous devez respecter sa décision même si cela est difficile pour vous. Ce sera une occasion pour vous d'apprendre à vous croire moins responsable du bonheur des autres.

Peut-on lire ou écrire un passage du livre sur les malaises et maladies pour aider quelqu'un à prendre conscience de ce dont il souffre?

Bien sûr que vous pouvez le faire. Mais l'important est de savoir si cette personne veut se faire aider. Si vous tenez absolument à l'aider et si vous avez la nette impression que cela pourrait lui rendre service, soyez conscient du fait que cette personne n'est peut-être pas d'accord avec votre façon de penser. Elle n'est peut-être pas prête à prendre la responsabilité de sa maladie, c'est-à-dire à accepter que quelque chose en elle crée cette maladie pour l'aider à devenir consciente d'une partie d'elle. Vous pouvez même l'aborder en lui disant: *"Je vais te lire ce passage parce que je crois sincèrement que cela pourrait t'aider. Mais si tu n'y crois pas, c'est parfait aussi. Tu n'es pas obligé de croire aux mêmes choses que moi et je respecterai ton point de vue."*

Quelle est la cause des cataclysmes naturels, des contaminations, des épidémies, des famines, etc., dans un endroit ou un secteur particulier si, comme vous le dites, ces gens ne sont pas responsables?

Vous venez d'énumérer des effets qui se produisent sur la planète Terre et qui résultent d'une énergie collective. Quand une région de la planète est affectée par quelque chose de ce genre, cela provient de la conscience collective des gens de cet endroit. Dans certains coins de la planète, voire même de vastes régions comprenant plusieurs pays, on enseigne la haine à de très jeunes enfants. On leur apprend à dire des choses comme: *"À mort les américains, à mort les juifs, etc."* On leur apprend que certains humains de la planète sont des peuples ennemis qu'ils devront toujours combattre. Une mentalité de haine, de violence et de vengeance se perpétue malheureusement ainsi de génération en génération. Ces pays s'attirent beaucoup de malheurs parce que leurs dirigeants ne travaillent pas dans une énergie d'amour et la majorité du peuple se laisse envahir par l'énergie de haine.

Cependant, chaque personne est responsable de son choix d'entrer dans la danse, c'est-à-dire de se laisser envahir ou non. Une personne qui n'est pas bien dans cette énergie collective ne pourra pas y demeurer très longtemps. Elle s'arrangera pour déménager et aller vivre ailleurs. La responsabilité de chacun de nous consiste en la façon dont nous réagissons suite à ce qui se passe dans notre région: vivons-nous dans la haine, la vengeance, la critique ou le sentiment d'injustice ou est-ce plutôt de façon différente, en prenant notre vie en main afin de s'attirer plus de bonheur?

Les personnes qui sont responsables de créer des énergies de haine et de les entretenir pour influencer les gens s'attirent immanquablement de grands malheurs, d'autant plus quand elles sont conscientes de ce qu'elles font. Leur karma éventuel sera la conséquence d'avoir laisser s'accumuler de la haine et des désirs de vengeance. En résumé, chaque individu est responsable de choisir entre la haine et l'amour.

Est-ce possible que je lise un livre et que je sois plus agressive dû à son contenu?

C'est fort possible car ce que vous vivez est toujours le résultat de votre perception des choses, votre façon de réagir aux événements. Ce n'est pas le contenu du livre en tant que tel qui est responsable de votre agressivité mais plutôt la perception que vous en avez. Votre lecture vous a possiblement aidée à devenir consciente d'un aspect de vous que vous ne vouliez pas voir auparavant. Vous n'étiez peut-être pas encore prête à accepter et à endosser cette partie de vous. Nous avons en nous des milliers d'aspects que nous jugeons inacceptables, toujours selon nos croyances.

Dès que vous sentez que quelque chose vous rend agressive, arrêtez-vous un instant et demandez-vous: *"Est-ce que je veux aller plus loin? Suis-je prête à vivre avec cette agressivité en moi, sachant qu'elle va m'aider à me connaître davantage, ou est-ce trop pour moi en ce moment?"* Il est peut-être préférable d'abandonner votre lecture temporairement et d'y revenir dans quelques mois. Il est fort possible que, plus tard, votre perception soit très différente. Sans doute aurez-vous alors plus de facilité à vous accueillir. Par contre, certaines personnes vont jusqu'au bout même si elles sont ébranlées. Elles savent qu'elles pourront ainsi aller plus loin dans leur démarche intérieure.

D'autre part, il se peut que le contenu du livre soit polluant, tout comme il y a de la pollution sur notre planète dans différents domaines. Prenez le temps de vérifier en vous si le contenu du livre vous répugne vraiment. C'est un peu comme si vous entrez dans une pièce remplie de fumée de cigare que votre corps ne peut pas prendre. Vous sortirez très vite de cette pièce, n'est-ce-pas? À mesure que vous devenez plus consciente et que vous faites du ménage intérieur, vous deviendrez plus sélective face à ce que vous laissez pénétrer dans votre corps physique, émotionnel ou mental.

J'ai beaucoup de difficulté avec la notion de responsabilité. Je me suis fait battre et j'ai subi des privations de toutes sortes. Il me semble que je n'avais pas toujours tort. Qu'en pensez-vous?

Ce qui ressort le plus de votre question, c'est que vous vous croyez coupable. Vous vous dites: *"Je n'ai pourtant rien fait de mal; alors pourquoi cela m'est-il arrivé?"* Il est très fréquent que les gens confondent culpabilité et responsabilité. Votre responsabilité, dans ce qui vous est arrivé, consiste à être capable de constater que la vie n'a pas été facile avec tout ce que vous avez vécu et surtout à réaliser que tout ce qui arrive vous offre sans cesse l'occasion de grandir et de vous améliorer. Si vous continuez à croire que la vie a été injuste, que ce n'était pas de votre faute et que cela n'aurait jamais dû arriver, vous ne réussirez qu'à vous enliser davantage dans votre problème.

Présentement, vous ne faites pas de place pour du nouveau et ce n'est qu'à travers l'acceptation que vous parviendrez à le faire. En acceptant les événements tels qu'ils sont arrivés et en vous demandant: *"Comment pourrais-je utiliser mon expérience pour m'améliorer et devenir une meilleure personne?"*, vous vous engagez sur la voie du bonheur. C'est là que se situe votre responsabilité. La responsabilité, c'est: *"Qu'est-ce que je fais suite à tout cela? Est-ce que je reste pris là-dedans? Est-ce que je me plains? Est-ce que je deviens violent envers moi-même?"* (N'oubliez pas qu'une des lois spirituelles est que nous devenons ce que nous jugeons.) Ou bien: *"Est-ce que je profite de mon expérience pour développer de la compassion et sentir la souffrance de ces personnes qui m'ont fait subir ces privations et cette violence? Vais-je utiliser mon vécu pour ouvrir mon coeur ou pour le fermer davantage?"*

Vous n'êtes absolument pas coupable de ce qui vous est arrivé. Vous êtes par contre responsable de vos réactions suite à ces événements. Votre vie future dépend du choix que vous faites maintenant. Vous pouvez choisir de vous créer une vie d'enfer ou un paradis!

Quand quelqu'un nous demande de l'aider, de faire son bonheur, comment le faire sans se sentir responsable des résultats?

Je vois que vous avez le désir de ne pas vous sentir responsable des résultats appartenant à l'autre et c'est déjà très bien. La moitié de votre problème est déjà réglée. Le véritable amour consiste à vouloir aider, guider, conseiller et aider les autres sans attentes, c'est-à-dire sans se sentir responsable des résultats. Personne ne peut contrôler sur toute la ligne les étapes menant à un résultat éventuel quand ce résultat est entre les mains de quelqu'un d'autre.

Celui qui croit que c'est grâce à lui qu'un autre a réussi à obtenir un résultat ne fait qu'alimenter son orgueil. Il a besoin de s'attribuer le crédit du résultat de l'autre afin de se sentir important. On peut espérer que quelqu'un réussisse, désirer et visualiser le résultat voulu pour l'autre mais toujours en demandant qu'il arrive ce qu'il y a de mieux pour tout le monde. Nous aidons au meilleur de notre connaissance, en réalisant qu'une force supérieure à nous s'occupe des résultats. *"Moi, je n'ai rien à voir là-dedans et je m'en remets à cette force supérieure appelée* ***DIEU*** *qui est présente en chaque être humain."*

Par contre, dès que vous réalisez que vous commencez à vouloir diriger les résultats, devenez conscient de ce qui se passe et dites-vous bien que vous n'avez pas ce pouvoir-là. C'est vraiment se prendre pour quelqu'un d'autre que de croire que nous pouvons contrôler un résultat touchant une autre personne. Tout dépendra de ce que la personne concernée fera de vos conseils ou de l'aide que vous lui aurez apportée.

Je suis une personne responsable et je trouve cela lourd d'en avoir autant sur le dos. Que faire pour ne pas me sentir coupable quand je n'arrive plus à tout faire?

La lourdeur que vous ressentez est-elle la conséquence d'avoir pris trop d'engagements? Vous êtes-vous engagée avec vous-même ou envers quelqu'un d'autre à accomplir tout cela? Ou bien vous sentez-vous plutôt responsable du bonheur des autres? Si la dernière possibilité s'avère la plus juste, consultez ce livret afin d'y lire la vraie définition de la responsabilité. Si vous avez pris trop d'engagements, il n'en tient qu'à vous de ne pas tant en prendre. Peut-être avez-vous de la difficulté à vous désengager? Si oui, cela indique que vous croyez qu'il n'est pas correct de se désengager.

Donc, pour arrêter de vous sentir coupable, vous devez avant tout changer vos croyances. Vous vous en demandez trop. Ces croyances vous rendent trop exigeante. Il est important de vous donner le droit de vous désengager envers vous-même ou les autres quand vous réalisez que vous en avez trop pris ou quand vous avez dit oui trop vite. Il est cependant tout aussi important de vous rappeler que les autres pourraient se désengager envers vous. Vous devrez alors accepter qu'ils en ont autant le droit que vous.

Que faire avec des gens qui ne veulent pas s'aider eux-mêmes et qui préfèrent blâmer les autres pour leurs difficultés ou leurs maladies? Que faire quand ils se fâchent lorsqu'on leur donne des indices ou des moyens de s'en sortir?

Quand ce genre de personne se retrouve dans notre entourage, c'est que nous avons nous-même besoin d'apprendre à nous mêler de nos affaires et à accepter ces gens tels qu'ils sont, en leur donnant le droit d'être ce qu'ils veulent être. Ils ont le droit de choisir le chemin qu'ils veulent parcourir. Je sais qu'il n'est pas facile de voir quelqu'un choisir une route difficile et remplie de souffrance; c'est souvent à n'y rien comprendre surtout quand nous connaissons des solutions simples. Mais nous ne sommes pas dans leur peau; nous ne pouvons pas savoir pourquoi ils ont à vivre cela. Cela fait partie de leur plan de vie. Ils ont des leçons de vie à apprendre à travers les expériences qu'ils choisissent.

Ils n'ont pas encore appris qu'ils peuvent être heureux et vivre sans souffrir autant. Pendant très longtemps, nous avons pensé qu'il fallait souffrir pour mériter plus de bonheur, plus d'argent ou plus d'amour. Maintenant, nous nous dirigeons vers un monde beaucoup plus conscient. Très bientôt, nous saurons tous qu'il est possible de nous améliorer, d'être de plus en plus dans une énergie d'amour et cela, sans souffrance. Auparavant, les gens devaient souffrir pour devenir plus conscients.

Il s'agit donc pour vous d'accepter que ces gens croient encore à la souffrance et de les laisser vivre les conséquences de leurs croyances. Vous pouvez simplement leur rappeler qu'ils ont le choix de croire à autre chose. Vous pouvez ajouter que vous êtes là s'ils ont besoin de vous mais il est inutile d'insister davantage. Voilà une excellente occasion pour vous de développer plus de tolérance quand une personne fait un choix qui diffère du vôtre. Cela résume ce que l'on peut faire lorsqu'une personne se ferme complètement à notre aide.

De quelle façon doit-on se comporter devant une personne qui est malade et qui utilise sa maladie pour se faire aimer? Je me sens impuissant car je veux l'aider mais cette personne ne croit à rien.

La réponse précédente s'applique aussi à cette question.

Pourquoi l'être humain sent-il souvent le besoin d'aider les autres sans penser que cela pourrait nuire à l'autre?

Celui qui décide d'aider quelqu'un sans penser qu'il pourrait possiblement lui nuire est celui qui ne pense qu'à lui-même. Il a besoin du résultat positif de l'autre pour se sentir valorisé. Il cherche donc à imposer ses croyances étant convaincu que si l'autre suit ses conseils, il sera automatiquement plus heureux. Son bonheur dépend du mieux-être de l'autre. Ce genre de personne accepte difficilement que les autres puissent choisir une route différente de la leur. C'est pourquoi il est si important de vérifier auprès des personnes qui demandent de l'aide si elles sont ouvertes à recevoir l'aide que vous pouvez leur offrir et ce, sans attentes et sans désir de vouloir contrôler les résultats.

Comment expliquer à une personne de qui on a eu besoin dans le passé, que maintenant on peut se débrouiller seul et ce, sans qu'elle se sente rejetée?

Premièrement, il est important de vérifier si cette personne se sent réellement rejetée ou si vous avez peur qu'elle se sente rejetée. Cette peur du rejet n'est peut-être réelle que dans votre imagination. Dites-lui simplement que vous la remerciez de toute l'aide qu'elle vous a apportée mais que maintenant vous vous sentez assez fort pour voler de vos propres ailes. Demandez-lui comment elle se sent, si le fait que vous voulez vous débrouiller seul la dérange. Faites-la parler et écoutez-la attentivement. Bien souvent, en écoutant véritablement l'autre, nous réalisons que la situation est différente de ce que nous avions imaginé.

N'oubliez pas que si cette personne tenait tant à vous aider, c'était parce qu'elle vous aimait. Prenez le temps de sentir l'amour présent chez cette personne. Si elle vous dit qu'elle ne se sent bien que lorsqu'elle aide les autres, elle est en train de vous avouer sa dépendance. Il y a des gens qui ne s'aiment pas assez et qui vont chercher leur amour en se rendant utiles. Lorsqu'ils sont utiles, ils se sentent aimés. Il s'agit simplement d'avoir de la compassion pour cette personne en acceptant l'idée que dorénavant, parmi les services qu'elle voudra vous rendre, vous choisirez parfois de dire “oui” et d’autres fois “non”. Vous êtes libre de décider de ce qui vous convient.

Comment faire pour que les autres arrêtent de nous raconter leurs problèmes?

Il est évident que la première chose à faire est de regarder pourquoi vous ne voulez pas écouter les problèmes des autres. Est-ce parce que vous vivez leurs problèmes? Est-ce parce que vous voudriez trouver des solutions? Ou bien est-ce parce que vous n’acceptez pas de ne pas avoir de solution à leur offrir? Après avoir fait cette introspection, vous pourrez ensuite leur expliquer pourquoi vous préférez ne plus les écouter. Il y a certainement une partie de vous qui souffre et c’est peut-être au-delà de vos limites que d’écouter les problèmes de tout le monde.

Mais il y a possiblement quelque chose en vous qui fait que les gens vous racontent leurs problèmes. Est-ce que vous racontez vous-même vos problèmes aux autres? Croyez-vous que les autres peuvent arranger votre vie? Si oui, c’est peut-être pour cela que les autres viennent vous voir en espérant aussi que vous leur offrirez des solutions.

Pour résumer, la première étape consiste à devenir consciente de ce que vous vivez, pensez et ressentez quand les gens vous racontent leurs problèmes. La deuxième est de passer à l’action et d’exprimer aux gens pourquoi vous ne pouvez plus les écouter. Cela ne veut pas dire que c’est pour la vie car ce que vous vivez est sûrement temporaire, comme tout ce qui vit d’ailleurs. Il se peut qu’en vous acceptant de plus en plus et en étant plus consciente de ce qui se passe en vous, vous deveniez un jour plus en mesure d'aider les gens qui ont des problèmes.

Comment puis-je agir avec une personne qui cherche à miner ma confiance en moi et à me culpabiliser pour des décisions qu'il trouve difficile à assumer? Les conséquences de ses décisions lui paraissent pénibles et il voudrait m'en rendre responsable ainsi que de tout ce que cela entraîne qui le dérange. Exemple: une séparation dont il est l'initiateur.

D'après votre question, je présume que Monsieur a décidé de la séparation et que, par la suite, il a trouvé sa décision difficile à accepter. Il a de la difficulté à prendre sa responsabilité, c'est-à-dire à assumer les conséquences de sa décision. Il essaie de vous en rendre responsable, de vous faire sentir coupable. Personne au monde ne peut nous culpabiliser de quoi que ce soit. C'est notre façon de percevoir ce que l'autre nous dit qui fait que nous nous sentons coupables ou non.

Vous sentir coupable alors que vous ne l'êtes pas dénote une mauvaise compréhension de la notion de responsabilité. Votre responsabilité se situe au niveau de votre réaction à cette séparation et à la décision de votre conjoint. Il ne veut pas prendre sa responsabilité car, pour l'instant, c'est trop difficile à vivre. Son orgueil en souffre probablement beaucoup. Réalisez que si vous perdez confiance en vous et si vous vous sentez coupable, cela n'a rien à voir avec lui. Cela doit être très clair en vous. Votre sentiment de culpabilité provient de votre mental inférieur, de votre façon de voir et d'interpréter les choses. Se peut-il qu'au plus profond de vous, vous vous sentiez coupable de cette séparation et que votre mari est seulement là pour vous aider à devenir consciente du fait que vous vous accusez injustement?

Ayez de la compassion pour cet homme qui ne veut pas prendre sa responsabilité. Par contre, soyez ferme et dites-lui que cela vous chagrine qu'il ne veuille pas assumer les conséquences de son choix. Oui, il souffre mais sa souffrance lui appartient. Il n'est pas question que vous assumiez les conséquences de sa décision. Les seules conséquences que vous devez endosser sont celles de votre façon de réagir à cette séparation.

Que veut dire exactement "être coupable"?

Une personne est coupable lorsqu'elle sait qu'elle pourrait nuire ou faire du tort à quelqu'un ou à elle-même et qu'elle décide de le faire quand même. Même si la personne dit: *"J'ai parlé ou agi trop vite, je n'y ai pas pensé"*, elle est coupable si elle savait d'avance que cette action ou parole pouvait nuire. Le savoir d'avance veut dire en avoir eu la confirmation auparavant. Cela n'a rien à voir avec supposer ou présumer que nous pouvions blesser.

Quelle est la différence entre "se sentir coupable" et "être coupable"?

Se sentir coupable, c'est se croire coupable et ce, en fonction de nos valeurs qui proviennent elles-mêmes de nos croyances. La plupart des gens sont des spécialistes à se sentir coupables quand, en réalité, ils le sont rarement. C'est parce qu'ils oublient de vérifier s'il est vrai qu'ils ont voulu causer du tort. Ils décident qu'ils sont coupables parce qu'ils écoutent une partie d'eux qui croit que c'est mal et que cette partie les accuse.

Les croyances proviennent de l'intellect et non du coeur. Pour être heureux, c'est le coeur qui doit mener. L'intellect a seulement la faculté de mémoriser, d'analyser, de penser. Il n'a pas la faculté de décider. Il doit seulement être au service du coeur. Quand nous croyons que quelque chose est bien ou mal, correct ou pas correct, nous nous basons sur la mémoire de l'intellect, c'est-à-dire sur ce que nous avons appris dans le passé. Il est donc important de vérifier si ce que nous avons appris dans le passé, cette croyance, est encore valable aujourd'hui, si elle nous rend vraiment heureux. Si cela ne nous rend pas heureux, ce qui est le cas la plupart du temps lorsque nous nous sentons coupable, il est très facile d'en conclure que la croyance qui cause ce sentiment de culpabilité n'est plus bénéfique pour nous. Notre coeur souffre énormément quand nous nous accusons sans cesse. S'accuser est le contraire de s'aimer. Se donner le droit de vivre des expériences et d'apprendre à travers elles, voilà ce que notre coeur désire.

Comment me "déresponsabiliser" face à un être cher qui souffre dans son for intérieur? Comment me défaire d'une émotion d'extrême tristesse?

Si le fait de regarder souffrir un être cher vous remplit de tristesse, c'est parce que cette situation éveille en vous quelque chose qui dormait peut-être depuis longtemps mais que vous désiriez éviter. Il serait important pour vous de faire une recherche intérieure pour mieux cerner cette tristesse. Qu'est-ce qui vous rend si triste? Ce n'est pas par hasard que nous choisissons certaines personnes qui deviennent des êtres chers pour nous. Elles sont là pour nous apprendre à nous regarder et à nous connaître à travers elles. Regardez ce qui vous touche le plus dans la souffrance de cette personne. Est-ce parce que vous croyez que cet être cher se sent facilement rejeté? Croyez-vous avoir la responsabilité d'aider cette personne à s'aimer davantage? Si oui, ce qui vous attriste donc, c'est de voir quelqu'un se rejeter. Vous pouvez dès lors présumer qu'il y a une partie de vous-même que vous rejetez.

Voici un excellent moyen pour faire cette démarche intérieure. Quand vous serez seule, détendez-vous et entrez en contact avec la partie de vous qui souffre et qui est extrêmement triste. Une fois détendue, demandez à parler à la partie de vous qui se sent rejetée. Se sent-elle triste? Communiquez entre vous comme si vous étiez deux amies en train de vous parler. Ce que vous avez de plus cher est à l'intérieur de vous. La partie en vous qui se sent rejetée a encore plus besoin de votre attention que l'être cher que vous voulez aider.

Votre responsabilité est de toujours grandir et de vous améliorer; c'est pourquoi vous êtes sur la Terre. Nous cheminons chaque jour davantage vers l'amélioration de soi et le moyen le plus rapide est de pratiquer l'amour de soi. Si une partie de vous est remplie de tristesse, c'est parce qu'elle ne se sent pas aimée de vous. Vous serez beaucoup plus en mesure d'aider quelqu'un d'autre quand il n'y aura plus de tristesse en vous.

D'où vient ce grand besoin d'aider?

Le besoin d'aider vient du plus profond de notre être, de cette partie de nous qui veut sans cesse s'améliorer pour aller de plus en plus vers la perfection de l'être. En réalité, nous sommes déjà parfaits mais nous n'en sommes pas conscients. Nous nous croyons imparfaits car nous nous jugeons d'après les apparences, le monde extérieur, d'après ce que nous faisons et disons et selon ce que nous savons. Nous croyons notre intellect, notre mental plutôt que **DIEU**.

Notre **DIEU** intérieur veut nous aider à devenir conscients de cette perfection de l'être, de ce **DIEU** qui existe en chacun de nous. Chaque fois que nous voulons aider quelqu'un, c'est parce que cette personne nous reflète une partie de nous que nous voulons aider. Malheureusement, si nous portons toute notre attention à vouloir secourir l'autre et que nous oublions de regarder la partie de nous-mêmes qui vit la même chose, nous pouvons passer notre vie à vouloir aider l'autre et ce, sans résoudre le problème à l'intérieur de nous. Nous voulons aider parce que nous savons que nous sommes sur Terre pour nous aider nous-mêmes.

L'idéal est de continuer à vouloir aider les autres tout en sachant que plusieurs parties en nous ont encore besoin d'aide. C'est d'ailleurs ce qui fait dire que nous enseignons le mieux ce que nous avons le plus besoin d'apprendre. Quand quelqu'un nous demande un conseil, la réponse que nous lui donnons est souvent celle que nous aurions intérêt à mettre en pratique dans notre propre vie. Mais à cause de notre inconscience, nous ne le voyons pas toujours, d'où l'importance de devenir de plus en plus conscients. Automatiquement, en nous aidant nous-mêmes, nous avons de moins en moins besoin de gens pour nous refléter les parties de nous qui souffrent.

Est-ce que le fait d'avoir mis au monde un enfant lourdement handicapé a été causé par ma façon de penser?

C'est se donner beaucoup de pouvoir que de penser avoir la capacité de créer un handicap chez une autre personne. Aucun être humain n'a ce genre de pouvoir. Je rencontre très souvent des parents, en particulier des mères, qui se sentent responsables de l'handicap de leur enfant. En réalité, elles se sentent coupables car elles ne connaissent pas la loi de la responsabilité.

Votre exemple personnel est idéal pour enseigner la notion de responsabilité. En tant que parent, votre responsabilité est d'assumer les conséquences de vos décisions. Vous avez décidé d'avoir un enfant, alors comment en assumez-vous les conséquences? Que pouvez-vous faire de mieux pour cet enfant? Ce n'est pas à cause de vous qu'il est handicapé. Ce fût le choix de cette âme avant même de naître. Faire de votre mieux consiste à l'aimer, l'accepter, lui donner le droit de vivre son handicap afin qu'il apprenne les leçons de vie qu'il est venu chercher avec cet handicap. Il n'a peut-être pas besoin de son handicap pour le restant de ses jours. Peut-être que oui mais cela ne regarde que lui.

Il y a des parents pour qui le fait de vivre avec un enfant handicapé est très pénible. S'aimer, c'est aussi accepter nos limites. L'un ou l'autre des parents, ou les deux, peuvent se donner le droit de dire: *"Moi je ne peux pas garder cet enfant. Je souffre trop ou cela m'est impossible sur le plan matériel ou physique. Je le place dans un endroit que j'estime bon pour lui."* Aimez-le du mieux que vous pouvez et suivez-le dans son choix de vie, c'est tout ce que la vie vous demande.

Certains croient que parce qu'ils avaient peur d'avoir un enfant handicapé, que cela a effectivement créé cet handicap. Non, l'handicap d'un enfant ne vient pas de la peur d'un parent. Ce n'était peut-être qu'un pressentiment. Si une partie de vous ne peut pas accepter cet handicap, alors ceci est une occasion idéale pour apprendre à aimer une personne handicapée, c'est-à-dire apprendre à la laisser être ce qu'elle est. Ce n'est pas parce qu'une personne est handicapée physiquement ou mentalement que cela fait d'elle une personne malheureuse. Il y a beaucoup plus de personnes en bonne santé qui sont malheureuses.

Il ne vous reste qu'à accepter le choix de votre enfant car vous ne pouvez pas tout comprendre. Il est difficile de comprendre intellectuellement pourquoi une âme a besoin de certaines leçons de vie. Certaines choses dépassent l'entendement humain et l'analyse rationnelle.

Vous avez déjà dit que le fait de se sentir coupable est la plus grande source de karma. Que voulez-vous dire?

Le karma est la conséquence de la loi de cause à effet. Selon cette loi, toute personne récolte ce qu'elle sème. Comme cette loi est spirituelle, elle ne s'applique qu'à ce qui est semé à partir de l'intérieur de nous et non dans le monde extérieur. Ce qui veut dire que nous récoltons selon notre motivation et non selon l'action posée ou la parole dite. Tout nous revient. La vie est comme un immense cercle. Tout ce qui sort de nous fait le tour du cercle et nous revient. Quand nous nous sentons coupables, nous nous accusons automatiquement d'un méfait. Nous sommes le créateur de notre vie, notre propre juge et quand nous nous déclarons coupables, que nous le soyons ou non, nous devons conséquemment nous punir de façon appropriée.

Par exemple, regardons le cas d'une mère qui relâcherait la surveillance de son enfant qui joue dehors, pour aller répondre au téléphone. L'enfant va dans la rue et se fait tuer par une voiture. Cette mère pourrait se sentir coupable et s'en vouloir pour le reste de ses jours. Elle se créerait ainsi la nécessité de revenir sur Terre afin de payer ce qu'elle croit être sa faute. Dans sa prochaine vie, elle pourrait facilement être un enfant qui a un accident à cause d'une distraction ou d'une négligence de sa mère. C'est en pardonnant à sa mère que cette âme pourra enfin s'absoudre de toute culpabilité car en pardonnant à sa mère, elle se pardonne ce qu'elle a fait quand elle était elle-même une mère.

Pourquoi créer la nécessité d'une autre vie et rallonger ainsi son temps sur la Terre? Cette mère a le choix de se pardonner tout de suite en sachant au plus profond d'elle-même qu'elle n'a jamais voulu faire du mal à son enfant. Qui sait? Cet enfant avait peut-être terminé ce qu'il avait à accomplir dans cette vie et il avait choisi ce moyen pour retourner dans sa vraie demeure, le monde des âmes désincarnées.

Ce qui est encourageant, c'est que présentement, la grande majorité de notre karma se liquide dans le cours d'une même vie. J'ai aussi constaté que plus nous sommes conscients et plus nous récoltons vite. Par exemple, nous pouvons juger et accuser quelqu'un et être jugé pour la même chose parfois la journée même ou dès le lendemain par quelqu'un d'autre.

Suis-je coupable ou responsable quand il m'arrive une maladie?

Une maladie est la conséquence directe de quelque chose qui se passe à l'intérieur de vous. Elle est là pour vous aider à élever votre niveau de conscience. Vous n'êtes pas coupable car vous n'avez pas consciemment voulu vous nuire. Votre responsabilité est plutôt votre façon de réagir face à cette maladie. En fait, notre responsabilité en tant qu'humain est d'utiliser tout ce qui nous arrive, tout ce qui nous entoure comme des outils qui sont mis à notre disposition afin de devenir plus conscients. L'ouverture de conscience ainsi créée nous aide à nous améliorer, ce qui nous rapproche de la Source, c'est-à-dire de notre **DIEU** intérieur.

Comment un jeune enfant peut-il être responsable de sa maladie? Surtout en très bas âge, il ne peut récolter ce qu'il n'a pas eu le temps de semer.

Nous devons nous souvenir que même si l'âme a un nouveau corps, cela ne veut pas dire qu'elle n'est pas une vieille âme. Ce n'est pas parce que vous portez un nouveau vêtement depuis une semaine que vous avez l'âge de ce vêtement, n'est-ce pas? C'est la même chose pour l'humain. Le corps est le vêtement de l'âme, son enveloppe, son véhicule pour se déplacer dans le monde physique.

Lorsque il y a une maladie chez un bébé ou un très jeune enfant, surtout une maladie grave, c'est souvent relié à un traumatisme vécu dans une vie antérieure que l'âme choisit d'endosser dès son départ dans cette vie-ci. Prenons pour exemple une personne qui prend la vie beaucoup trop à coeur et qui meurt d'une crise cardiaque. Si cette personne n'a pas accepté cette mort et ne veut pas voir, même dans l'au-delà, que c'est son mode de vie qui a créé sa crise cardiaque, elle a de fortes chances de revenir avec une malformation au coeur dès sa prochaine naissance sur Terre. Elle aura besoin de revivre avec la même attitude de tout prendre trop à coeur jusqu'au moment où elle réalisera qu'elle manque d'amour pour elle-même avec cette attitude. Cela peut aussi provenir d'une décision prise à l'état foetal ou à la naissance.

Un autre exemple me vient à l'esprit. Lors d'une régression à l'état foetal, une de mes clientes s'est vue à l'hôpital, à l'âge d'environ quinze jours, couchée sur le coté droit dans son petit lit de bébé. Dès sa naissance, elle fût déçue par l'attitude des adultes autour d'elle et se disait s'être trompée d'avoir choisi de revenir sur Terre aussi vite. Elle désirait retourner dans le monde des âmes où elle se sentait mieux. Elle refusait donc tout biberon, elle se laissait mourir. Elle était entourée des infirmières et ses parents, qui étaient tous très inquiets et qui se demandaient si elle survivrait. Comme elle n'aimait pas ce qu'elle entendait, elle a donc décidé de ne plus écouter ce que les adultes disaient. Étant couchée sur l'oreille droite, elle a donc bloqué l'oreille gauche pour ne plus rien entendre. À cet instant, elle est devenue sourde de l'oreille gauche. Soudainement, un médecin est entré dans la pièce et l'a prise tout doucement dans ses grands bras confortables en disant aux autres: *"Allons, allons, vous tous, arrêtez de gémir, cet enfant va s'en sortir."* Sentant beaucoup d'amour et de tendresse venant de ce médecin, elle a décidé de vivre. Au moment de sa régression, cette dame avait environ trente ans et elle était encore sourde de l'oreille gauche. La médecine lui avait toujours dit que c'était de naissance. Suite à cette prise de conscience, elle a commencé à avoir des pétillements à l'oreille gauche, lui annonçant le réveil de son oreille.

Comme vous pouvez le constater, la vie c'est beaucoup plus que ce que nous percevons avec nos sens physiques, voilà l'importance de s'éveiller et de s'ouvrir au nouveau.

Quel est le meilleur conseil à donner à quelqu'un qui veut s'en sortir?

Premièrement, allez vérifier si cette personne veut vraiment recevoir un conseil pour s'en sortir. J'entends souvent dire: *"Je veux m'en sortir"*, ou *"Je vais m'en sortir."* Quand je leur demande ce qu'elles ont décidé de faire, elles répondent: "Que veux-tu que je fasse!" Donc, quand quelqu'un vous dit qu'il veut s'en sortir, questionnez-le sur les moyens qu'il a décidé d'utiliser et ensuite encouragez-le. Dites-lui que c'est merveilleux même si, selon vous, ses solutions ou ses décisions ne sont pas les meilleures. Peu importe le moyen utilisé, au moins la personne fait une action. En bougeant, elle augmente ses chances de s'en sortir. Règle générale, suivez toujours la personne dans la direction qu'elle a décidé de choisir. Si elle semble totalement démunie et ne sait trop comment s'y prendre, vous pouvez lui demander: *"Veux-tu un conseil pour t'aider à t'en sortir? Veux-tu que je te dise comment moi je m'y prendrais?"* Si elle veut s'en sortir, elle acceptera vos conseils avec plaisir.

J'ai un tas de responsabilités au travail. Je suis en charge d'un département où il y a trente employés et j'ai des objectifs à atteindre. Je dois sans cesse m'assurer d'atteindre ces objectifs. Alors comment être responsable d'autant d'employés sans me sentir stressé et sans trouver cela aussi lourd?

En premier lieu, il est nécessaire de vérifier si vous avez un engagement clair avec votre patron. Vous êtes-vous engagé formellement à atteindre un ou des objectifs à une date précise? Ces objectifs sont-ils réalistes? Et si vous n'atteignez pas vos objectifs, quelles en seront les conséquences pour vous et êtes-vous prêt à les assumer? En ayant un engagement clair dès le début avec votre patron, vous pourrez par la suite, si vous réalisez en avoir trop pris, faire des ajustements afin de modifier soit les conséquences, soit les objectifs visés.

Par contre, avant de vous engager à atteindre un objectif précis, il est important de vérifier si vous avez une bonne équipe pour vous soutenir. Si vous promettez quelque chose sans même savoir si vos employés peuvent vous aider, c'est peut-être que vous vous êtes engagé trop vite ou que vous êtes allé au-delà de vos limites. Ceci pourrait expliquer pourquoi vous trouvez cela si lourd aujourd'hui. Si, dès le départ, vos limites sont clarifiées, organisez une rencontre avec tout votre personnel et demandez-leur s'il est réaliste de s'engager à atteindre un tel résultat. Assurez-vous que chacun s'engage à faire sa part et voyez ensemble comment vous pourriez atteindre le but visé.

Une fois que chacun s'est engagé individuellement, clarifiez de façon nette, claire et précise quel sera le prix à payer pour celui qui ne tiendra pas son engagement. Aura-t-il une diminution de salaire, voire même une perte d'emploi? L'important, c'est que la situation soit claire. C'est souvent ce qui manque dans un groupe de travail: les engagements précis, la communication claire et l'assurance que ce que l'on entreprend est réaliste. Quand tout le monde travaille pour une même cause et que la communication est bonne, cela devient beaucoup plus facile.

Si vous trouvez la situation lourde à supporter, c'est sans doute parce que vous endossez les engagements de vos employés en plus des vôtres. Vous n'avez pas vu à ce qu'ils s'engagent individuellement et à ce qu'ils prennent la responsabilité de leurs engagements. Veillez à ne pas vous en mettre tant sur les épaules. Soyez plus doux, moins exigeant envers vous-même. Il y aura beaucoup plus de joie dans votre vie.

En tant que mère, je me sens responsable de bien nourrir mes enfants parce que je les trouve trop jeunes pour s'occuper eux-mêmes de leur santé. J'ai trois jeunes enfants âgés de quatre à neuf ans. Ne croyez-vous pas que c'est ma responsabilité? Si je ne m'en occupe pas, qui va le faire?

Vous n'êtes pas directement responsable de la santé de vos enfants. En tant que mère, vous avez à assumer les conséquences d'avoir des enfants, c'est-à-dire voir à leurs besoins matériels, les suivre dans leurs études, leur transmettre ce que vous savez, leur donner de l'amour et ce, au meilleur de votre connaissance. Par contre, vous ne pouvez pas savoir d'avance quels seront les résultats. Vous pouvez faire les meilleurs repas au monde mais la nourriture ne comptant qu'entre 5% et 10% de la santé physique, vos enfants pourraient quand même avoir des problèmes de santé.

Prenons le cas d'un enfant qui mange toujours des repas sains et équilibrés. On lui donne de bons repas mais il mange souvent par peur de déplaire à sa mère ou au beau milieu d'une dispute de famille. L'enfant qui mange tout en vivant un paquet d'émotions et de peurs aura beaucoup de difficulté à digérer sa nourriture car les émotions et les peurs mentales affectent tout le travail d'assimilation de cette bonne nourriture. Il est beaucoup plus important pour vous de vérifier avec chacun d'eux quels sont leurs besoins.

Chaque être humain connaît ses besoins: il sait quand il a faim, quand il n'a pas faim et ce qu'il a besoin de manger. En écoutant plus les besoins de vos enfants, vous les nourrirez de bonheur et ce sera beaucoup plus important pour leur santé. Vous devez faire confiance à vos enfants. Ils ne sont pas des idiots. Ils connaissent leurs besoins et peuvent s'occuper d'eux-mêmes, beaucoup plus que vous ne le croyez.

Vous trouverez plus de détails sur ce sujet dans un autre livret qui traitera strictement du domaine de l'alimentation.

Je trouve que mettre des enfants au monde est une grande responsabilité. C'est même un contrat à vie. Quand je pense que je peux les faire souffrir, les marquer, cela me rend malade. Comment puis-je penser autrement?

En changeant vos croyances. Premièrement, quand vous décidez d'avoir un enfant, cela ne doit pas se faire avec l'idée que vous êtes responsable de son bonheur. Votre motivation première devrait être le goût de permettre à une âme de revenir s'incarner. C'est un don de soi. Ensuite, pour continuer à grandir, il s'agit de vouloir apprendre à aimer avec cette âme qui vous a choisie. Avoir un enfant, c'est un engagement. Vous devez donc être prête à vous engager à être légalement responsable de lui jusqu'à l'âge de dix-huit ans. Cela veut dire que vous vous engagez à le soutenir au niveau de ses besoins matériels et non répondre à tous ses caprices.

Au niveau de l'être, vous ne pouvez pas vous engager à combler tous ses besoins. Si vous voulez être bien avec un enfant et que lui soit bien avec vous, il s'agit justement de faire le contraire de ce que vous croyez. Vous devez lui dire, si possible quand il est encore très jeune, que vous ne pouvez être heureuse ou malheureuse à sa place. Vous pouvez l'aimer, le laisser être, lui montrer l'exemple, le guider mais vous ne pouvez être responsable de ce qu'il choisit d'être. Cela lui appartient. Plus cette responsabilité est claire entre parents et enfants, plus la relation est saine. Un parent ne peut pas marquer ou faire souffrir un enfant. Un enfant peut seulement être marqué ou souffrir parce qu'il réagit au comportement du parent.

Un parent peut donner tout ce qu'il peut et s'oublier pour son enfant. Ce dernier peut quand même être malheureux, se jeter dans la drogue et finir par se suicider. Un autre parent peut être colérique, souvent absent et l'enfant peut développer malgré tout beaucoup de compassion pour ce parent, faisant tout ce qu'il peut pour l'aider. Tout est possible. Il n'existe pas de recette miracle. Je vous suggère d'apprendre à travers ce que la vie vous présente et de modifier votre croyance car elle ne peut qu'amplifier votre malaise au fil des années.

Je suis une personne très responsable depuis que je suis très jeune. Je m'occupe de tout, je vois à tout et je suis très fière d'être ainsi. Cependant, j'ai mal au dos depuis plusieurs années et quelqu'un m'a dit qu'il y avait un lien entre mon mal et mon attitude très responsable. Est-ce possible?

C'est plus que possible, c'est ce qui se passe en effet. Quand vous dites que vous êtes une personne responsable, j'imagine que vous vous souciez du bonheur et du confort de tout le monde, que vous essayez de trouver des solutions à tous leurs problèmes et que vous ne pouvez pas vous empêcher de sentir (sur votre dos) le poids de la tâche que vous vous êtes imposée. Il n'y a personne sur Terre de qui l'on exige une telle performance.

Il est important de vérifier à l'intérieur de vous ce qui vous motive tant à vous occuper de tout. Serait-ce par désir de tout contrôler afin que les choses soient à votre goût et que tout aille selon vos opinions, vos croyances et votre façon de voir les choses? En général, c'est ce qui se passe. Votre dos est en train de vous dire que la perception que vous avez de la responsabilité est très lourde. Cette attitude crée un malaise intérieur qui se répercute dans votre corps physique, se traduisant par un mal de dos. Votre colonne vertébrale est le soutien de votre corps physique et, en ce moment, le fait de soutenir tous ceux qui vous entourent ne vous est pas bénéfique. Vous êtes en train de vous faire du tort. Votre dos cherche à vous dire qu'il est temps de remettre aux autres la responsabilité de leur vie.

C'est d'ailleurs le plus beau cadeau que vous puissiez faire à ceux que vous aimez: leur apprendre qu'ils sont responsables de leur vie et qu'ils doivent assumer les conséquences de leurs décisions. Vous n'avez pas à endosser la responsabilité de leur vie. Votre motivation est bonne; je sens beaucoup d'amour et de sincérité dans votre désir d'aider mais êtes-vous certaine que vous leur rendez vraiment service? Pourront-ils se prendre en main un jour sans que quelqu'un ne vole à leur secours? Aimez-vous vraiment le rôle que vous vous êtes donné ou bien vous arrive-t-il de sentir que vous manquez d'espace?

C'est ce qui arrive quand nous voulons contrôler et diriger la vie de tout le monde. Nous empiétons dans leur espace et soudainement l'espace de tout le monde en est affecté, incluant le nôtre. Quand vous manquez d'espace, dites-vous bien que les autres aussi sont en train d'étouffer. Vérifiez auprès d'eux s'ils ne préféreraient pas que vous les laissiez parfois prendre leur propre responsabilité et assumer eux-mêmes les conséquences de leurs décisions. Sont-ils heureux de vous savoir toujours là, prête à tout faire et à tout décider à leur place? Mais faites attention de ne pas verser dans l'autre extrême et de ne plus rien faire pour eux! Il y a moyen d'atteindre un juste milieu dans toute chose.

Si je permets à ma fille adolescente de sortir tard et qu'elle se retrouve enceinte ou droguée, je vais me sentir coupable. Que faire? Suis-je un père trop possessif?

Entre vous et moi, croyez-vous sincèrement que votre fille ne peut devenir enceinte ou prendre de la drogue que tard le soir? Vous voyez bien qu'il n'est pas logique de penser ainsi. Toutefois, étant donné que vous vous sentez coupable, je vous suggère d'en parler ouvertement avec votre fille. Partagez-lui ce que vous vivez. Réalisez aussi que votre sentiment de culpabilité vient du fait que votre notion de responsabilité est faussée. Un père n'est pas responsable des décisions de sa fille. Cependant, comme elle est encore mineure, vous êtes légalement responsable d'elle.

Alors demandez à votre fille si elle a pensé aux conséquences qu'elle aurait à assumer si jamais elle tombait enceinte ou si elle décidait de se droguer. Dites-lui jusqu'où vous êtes prêt à aller et quelles sont vos limites. Ensuite, il ne vous reste qu'à faire confiance à la vie et savoir que quoiqu'il arrive, il y a toujours un bon côté à tout. Vous avez présentement la possibilité de choisir l'amour plutôt que la peur.

Qu'arrive-t-il à une personne qui est coupable mais qui ne semble pas en être consciente parce qu'elle ne se croit pas coupable? Sera-t-elle punie? Récoltera-t-elle de la même façon?

Les lois s'appliquent à tout le monde, que nous y croyions ou non. Par exemple, si quelqu'un brûle un feu rouge, et qu'il dit au policier qu'il ne connaissait pas la loi ou qu'il n'y croit pas, il récoltera quand même une contravention. C'est la même chose pour la loi du karma ou la loi de cause à effet qui est une loi spirituelle. Quand une personne sait qu'elle contrevient à une loi, et que consciemment elle commet quand même le délit, comme par exemple voler, elle récoltera un vol d'une façon ou d'une autre, et cela, même si elle ne se sent pas coupable.

C'est au moment où elle se fera voler (pas nécessairement la même chose qu'elle a volée) qu'elle découvrira si elle se savait coupable de son vol ou si elle se faisait plutôt accroire qu'elle ne le savait pas. Si elle n'accepte pas de se faire voler et trouve que ce n'est pas correct, elle avoue ainsi le fait qu'elle croit que voler n'est pas correct. Elle démontre alors qu'elle s'était accusée d'avoir volé mais que cette accusation avait été tellement refoulée dans l'inconscient qu'elle réussissait à se faire accroire qu'elle n'existait pas. En réalité, la loi de cause à effet existe pour nous aider à devenir conscients de ce qui se passe au plus profond de nous.

Toutefois, il est important de se souvenir que nous récoltons selon notre motivation et non selon l'acte commis. Si une personne vole de la nourriture pour sa survie, l'intention n'est pas la même que pour celle qui vole parce qu'elle est trop paresseuse pour gagner sa vie.

Je m'occupe de tout chez moi: la maison, l'épicerie, les enfants, leur éducation, leur instruction. Je ne comprends pas pourquoi tout cela me revient. Mon mari me dit qu'il est normal que la femme s'occupe de tout. N'est-ce pas sa responsabilité à lui aussi?

Cela dépend des engagements que vous avez pris ensemble avant l'arrivée des enfants. Avez-vous discuté des conséquences d'avoir des enfants? Qui les voulait? Admettons que c'est vous qui y teniez beaucoup et que votre mari vous ait dit: *"Moi je n'en veux pas mais si c'est important pour toi, c'est correct. Tu peux en avoir, cela ne me fait rien en autant que tu t'occupes d'eux."* Si telle était votre entente, c'est donc à vous d'en subir les conséquences aujourd'hui.

Cependant, j'ai l'impression qu'il n'y a même pas eu de communication claire à ce sujet, comme c'est d'ailleurs souvent le cas dans la plupart des couples. Un des deux a dit: *"Il serait peut-être temps d'avoir un enfant"* et l'autre a répondu: *"O.K. je suis bien d'accord."* La décision a été prise sans qu'il y ait d'engagement précis. Un engagement est une sorte de promesse verbale ou écrite. Avez-vous décidé ensemble d'avoir un enfant et, quand vous l'avez fait, a-t-il été question de qui s'occuperait de son éducation, de sa scolarité, de se lever la nuit quand il est malade, de changer ses couches quand il est bébé?

Ce sont des détails bien sûr, mais des détails importants qui, une fois clarifiés, permettent d'éviter les problèmes de communication dans le couple. Avoir un enfant, c'est un engagement entre deux personnes. On s'engage, en tant que parent, à s'occuper de cet enfant jusqu'à l'âge de dix-huit ans selon les lois humaines. Selon vos croyances et valeurs, vous pouvez même décider de vous en occuper jusqu'à ce qu'il ait fini ses études universitaires. C'est vous qui déterminez ensemble des implications qui découlent du fait d'être parents.

Vous devez agir de la même façon en ce qui concerne les tâches régulières de la maison. Il devient de plus en plus urgent que les couples apprennent non seulement à s'engager mais aussi à clarifier les détails de leurs engagements. Chacun doit être conscient de ses limites pour éviter de sentir que la répartition des tâches est injuste.

Mon mari et mon fils sont très difficiles à lever le matin. Je dois toujours aller les avertir à plusieurs reprises. Je finis par crier pour qu'ils se lèvent afin que mon mari ne soit pas en retard à son travail et que mon fils ne soit pas en retard à l'école. Qu'est-ce que je peux faire pour ne pas me sentir responsable s'ils sont en retard?

Premièrement, ce n'est pas votre responsabilité et deuxièmement, vous avez besoin de leur remettre leur propre responsabilité en leur disant que dorénavant, ils subiront les conséquences de leurs choix. Présentement, ils choisissent de dormir le matin et vous avez décidé d'en assumer les conséquences par peur de ce qui pourrait leur arriver. Quand ils auront à subir les conséquences de leurs choix, ils s'apercevront certainement que le prix à payer est trop élevé et ils s'y prendront différemment.

Cependant, il est important de savoir si vous vous étiez engagée à veiller à ce qu'ils ne soient pas en retard le matin. Aviez-vous fait une telle promesse à votre mari et à votre fils? Si non, il n'y avait pas eu d'engagement donc vous n'avez pas à endosser cette engagement. Si vous tenez à les réveiller au moins une fois, vous pouvez leur dire ceci: *"Bon, moi je suis prête à le faire mais une fois seulement. Si vous ne voulez pas vous lever tout de suite, vous aurez à en subir les conséquences vous-mêmes."* Votre fils aura à assumer son retard à l'école et votre époux, son retard au travail.

Mais peut-être êtes-vous déjà en train de vous dire: *"Mais moi aussi je vais en ressentir les effets. Si mon mari perd son travail, il y aura moins d'argent et si mon fils est renvoyé de l'école, que ferai-je de ces deux-là à la maison? Moi je travaille aussi et je ne peux pas rester à la maison avec eux."* Bon, vous êtes déjà en train de décider d'avance de choses qui n'arriveront peut-être jamais. Par contre, si votre crainte est fondée, expliquez-vous avec votre mari. Demandez-lui: *"Que ferons-nous si tu arrives toujours en retard au bureau et que tu es mis à la porte? J'ai peur de cette éventualité. C'est peut-être seulement mon imagination, je l'admets, mais c'est quand même ce que je vis. Que se passerait-il alors? Je tiens à te dire que je ne suis pas prête à me priver de certaines choses simplement parce que tu aurais perdu ton travail pour une raison comme celle-là."*

Faites la même chose avec votre fils. Dites-lui: *"Qu'est-ce que tu vas faire si tu es renvoyé de l'école? Je ne peux pas rester à la maison pour m'occuper de toi si tu ne vas plus à l'école. Es-tu prêt à accepter l'idée que nous allons devoir te trouver une autre école qui sera peut-être beaucoup plus loin d'ici? Cela peut vouloir dire que tu devras te lever encore plus tôt pour prendre l'autobus. Ne compte pas sur moi pour me lever plus tôt et te servir de chauffeur. Peut-être même que tu devras aller dans une autre sorte d'école. Je ne suis pas du tout prête à subir les conséquences de tes choix simplement parce que toi tu ne veux pas prendre ta responsabilité."* Il est très important de mettre les choses au clair, de savoir communiquer avec les gens de notre famille, de leur exprimer nos craintes, nos peurs, même si elles sont imaginaires. Il est aussi grand temps que vous appreniez à vous affirmer plutôt que de subir. C'est tellement plus simple et agréable quand les choses sont claires!

Pour moi qui suis mère de famille, laisser mes enfants prendre leur responsabilité me donne l'impression d'être une mère indifférente qui se fiche de ses enfants. J'ai peur d'être jugée de cette façon par eux quand ils seront plus vieux. D'où vient cette peur?

Demandez d'abord à vos enfants de vous donner leur définition de l'indifférence. Voici la mienne: une personne indifférente est une personne qui ne vibre pas, qui ne ressent rien ou qui n'est pas touchée par les autres. Pensez-vous réellement que vous êtes une mère indifférente? Y croyez-vous vraiment? Enseigner la responsabilité à vos enfants est le plus beau cadeau que vous puissiez leur faire, le plus bel héritage que vous puissiez leur léguer.

Une mère indifférente dirait à ses enfants: *"À partir d'aujourd'hui, je veux que vous deveniez responsables, c'est-à-dire que vous preniez vos propres décisions. Décidez n'importe quoi, faites ce que vous voulez, entrez à l'heure qui vous plaît, étudiez si cela vous chante, mangez ce que vous voulez, moi je m'en lave les mains. Ce sont vos décisions et c'est vous qui en subirez les conséquences."* Ça c'est aller à l'autre extrême.

Tandis qu'une mère qui enseigne la responsabilité à ses enfants continue de les guider, de les conseiller et de leur suggérer ce qu'elle croit être bon pour eux, en ajoutant toutefois: *"Je vous donne le meilleur de moi-même, de ce que je connais, de ce que je crois. Maintenant, c'est à vous de décider. Je vous laisse libres de prendre vos décisions concernant vos études, votre alimentation, votre habillement et votre avenir."* Il est important que vos enfants sentent que leur bonheur vous tient à coeur, que vous êtes intéressée à eux et à leur bien-être.

S'ils choisissent une voie souffrante avec laquelle vous n'êtes pas d'accord, vous n'y êtes pour rien. Vous pouvez leur exprimer votre désaccord, votre tristesse, votre chagrin, mais faites-le toujours sans attentes. Ils ne pourront pas vous sentir indifférente. Au contraire, ils sentiront votre sincérité et accepteront avec joie l'espace et la liberté que vous leur offrez. Souvenez-vous cependant que ce que vous appelez une voie souffrante ne l'est pas nécessairement pour eux. Grâce à votre exemple, ils pratiqueront naturellement la notion de responsabilité qui est essentielle afin de bâtir une vie heureuse.

J'ai un ami qui s'apprête à vivre une séparation et qui se sent très coupable. Comment puis-je l'aider?

En premier lieu, il est important de savoir s'il veut se faire aider. Si oui, dites-lui ce que vous avez appris sur la notion de la culpabilité. Aidez-le à découvrir s'il est véritablement coupable, s'il se prépare pour faire du tort à l'autre ou s'il n'est tout simplement pas en train d'exprimer ses limites par rapport aux difficultés qu'il éprouve dans sa vie de couple. Expliquez-lui que dépasser ses propres limites pour essayer de faire plaisir à quelqu'un d'autre est contraire à l'amour de lui-même. Vous pouvez ainsi l'aider à se pardonner lui-même. S'il ne veut pas de votre aide, vous devrez respecter son désir et accepter que c'est sa vie et non la vôtre.

J'aimerais savoir ce que j'ai à apprendre dans ce que je vis avec ma mère. Elle me fait vivre des émotions dans le sens qu'elle est très contraire à moi. Elle est négative et me dit toujours que je ne réussirai pas ce que j'entreprends.

D'après votre question, je comprends que vous rendez votre mère responsable de vos émotions. Encore une fois, il est impossible qu'une personne soit responsable des émotions de quelqu'un d'autre.

Vous êtes la seule responsable de vos émotions, c'est-à-dire de votre façon de réagir à ce que votre mère dit ou fait. Vous pouvez ne pas être d'accord avec ce qu'elle vous dit mais il est important que vous sentiez qu'elle agit au meilleur de sa connaissance. Elle ne sait pas comment être positive. Pour elle, c'est peut-être la meilleure façon de vous pousser à aller plus loin.

Beaucoup de parents utilisent cette approche négative pensant ainsi récolter des résultats positifs. C'est malheureux parce qu'ils utilisent un moyen qui n'est pas très efficace. Il se peut aussi que votre mère ait si peu confiance en elle-même, qu'elle ait tellement peur de ne pas réussir, qu'elle n'oserait jamais entreprendre des projets comme vous le faites. Elle s'en voudrait énormément de ne pas réussir, en plus d'être très déçue d'elle-même. Pour vous épargner des déceptions, elle vous décourage avant même que vous ayez commencé quoi que ce soit. Elle agit ainsi pour vous préparer à mieux accepter un échec éventuel.

Quelle que soit sa motivation, vous avez définitivement besoin d'apprendre à l'accepter telle qu'elle est. Vous me demandez: *"Qu'ai-je à apprendre?"*. Tout simplement à aimer un parent ayant une telle attitude, avoir plus de compassion pour elle, en sentant davantage sa peur, ses craintes ou sa souffrance. Pour y parvenir, il est important de la consulter, de la faire parler, de lui demander comment elle se sent, comment elle se sentirait si elle entreprenait les mêmes choses que vous. Aurait-elle peur d'échouer? Espère-t-elle, dans le fond, que vous réussissiez ou bien souffre-t-elle à l'idée que vous puissiez être déçue? Faites-la parler et écoutez-la véritablement. Elle ne vous accuse de rien. Elle exprime seulement ce qu'elle croit. Utilisez votre coeur pour sentir votre mère plutôt que d'écouter votre tête qui vous amène à croire qu'elle ne vous aime pas.

Si nous prenons nous-mêmes nos décisions et que nous sommes responsables de nos actes, comment expliquez-vous la destruction d'un être par un autre comme par exemple un accident d'auto tuant un piéton ou une explosion tuant cinquante personnes, etc? Qui décide quoi?

La question n'est pas de savoir qui décide quoi. Le tout fait partie d'un plan d'ensemble qui est régi par la loi d'attraction ou la loi de cause à effet. Si une personne a un accident de voiture et tue un piéton, ce n'est pas l'effet du hasard. Les personnes impliquées, les familles touchées ainsi que les témoins de l'accident auront des réactions différentes selon la perception qu'ils auront de l'événement et selon ce qu'ils sont. Chaque personne est responsable de sa perception et de sa réaction.

Donc la personne qui est responsable, c'est-à-dire la personne qui a causé l'accident, n'est pas nécessairement coupable d'avoir tué ce piéton. Elle n'a pas décidé d'avance: *"Bon moi je vais tuer quelqu'un aujourd'hui."* Elle n'a pas consciemment voulu faire du mal à quelqu'un. Peut-être sera-t-elle jugée coupable selon la loi humaine mais la loi humaine ne s'occupe que d'un aspect de l'ensemble. L'humain se base sur une conception de la vie qui est issue du mental inférieur. Nous avons par conséquent une compréhension souvent limitée de ce que nous percevons avec nos sens physiques, c'est-à-dire de ce que nous voyons, entendons, touchons, goûtons et sentons. C'est ce qui rend souvent les lois humaines erronées.

Ce qui importe le plus, c'est la loi du coeur, ce qui se passe à l'intérieur de soi, au niveau de l'être. La responsabilité de la personne qui en tue une autre par accident consiste à voir comment elle va vivre les suites de cet événement. Va-t-elle décider de se sentir coupable et de s'en vouloir pour le reste de ses jours? Le simple fait de s'accuser de quelque chose dont elle n'est pas véritablement coupable peut suffire pour s'attirer des incidents fâcheux, à travers lesquels elle cherche à se punir.

Et le piéton? C'est peut-être la façon qu'avait choisi cette personne pour partir. Quand nous avons complété ce que nous avons à faire dans cette vie-ci, avec le corps choisi et dans l'environnement choisi, nous devons quitter la planète pour prendre du recul et préparer notre futur retour. Qui peut dire que l'heure de ce piéton n'était pas arrivée? Il est impossible de le savoir et il est inutile de se creuser le cerveau à essayer de comprendre. Il est préférable de lâcher prise et d'accepter la réalité telle qu'elle est. Dites-vous: *"Maintenant, que vais-je faire de tout cela?"* La personne qui a causé l'accident peut se demander: *"Vais-je utiliser cet incident pour me détruire, en m'haïssant et en me jugeant injustement ou vais-je plutôt l'utiliser pour m'accepter, me donner le droit d'avoir vécu une telle expérience et cesser de me juger injustement?"* En choisissant l'amour plutôt que la culpabilité, cette personne saura très vite ce qu'elle avait à retirer et à apprendre de cette expérience.

Dans le cas d'une explosion tuant 50 personnes, tout comme dans le cas d'un écrasement d'avion qui en tue 350, ces "accidents" font partie d'un plan d'ensemble et ne sont pas le fruit du hasard. Ces gens sont tous là au moment précis de l'explosion. Ils ont tous un rendez-vous avec eux-mêmes à respecter. Ceux qui ont des liens affectifs avec ces personnes sont généralement ceux qui sont le plus grandement affectés par une telle expérience. Leur responsabilité consiste à vivre cette réalité en l'utilisant pour apprendre à aimer davantage plutôt que d'en vouloir à celui ou ceux qui ont causé l'explosion. Absolument tout ce qui arrive fait partie d'un plan d'ensemble. Cela ne veut pas dire que nous allons devenir insensibles à ces accidents. En choisissant l'amour, l'acceptation, nous avons de la compassion mais sans vivre d'émotions. Quelle merveilleuse façon de vivre!

Ma conjointe travaille à l'extérieur. Elle a toujours détesté faire le travail de maison, je le sais et je l'ai toujours su. Je travaille aussi à l'extérieur. Depuis que nous sommes mariés, la tâche de tout nettoyer et de tout ramasser semble me revenir constamment. Je commence à en avoir assez. Travaillant tous les deux à l'extérieur, comment lui faire remarquer que de voir à ce que la maison soit en ordre est autant sa responsabilité que la mienne?

Votre engagement était-il clair avant que vous vous décidiez à vivre ensemble? Vous êtes-vous engagé à vous occuper de la maison, en lui disant par exemple: *"Aucun problème, je m'en occupe!"* Vous ne faites alors que subir les conséquences de votre décision. Cependant, si c'est devenu trop

…ur vous aujourd'hui, il est important d'en … votre conjointe. Demandez-lui si elle veut …chercher avec vous une solution satisfaisante … les deux. Peut-être pourriez-vous engager …elqu'un de l'extérieur pour faire le ménage?

Par contre, si l'engagement n'était pas clair et que vous avez présumé que vous réussiriez à la faire changer d'attitude une fois mariée, vous vous êtes permis de décider pour elle. Personne ne peut décider pour quelqu'un d'autre sans prendre le temps de consulter la personne directement concernée. D'où l'importance de la communication. Sachant qu'elle n'aimait pas faire le ménage, se peut-il que vous ayez décidé de le faire au début en espérant d'être plus aimé par elle? Quelle que soit votre situation, veillez à ce que tout soit clair entre vous, à vous parler sans vous accuser et sans vouloir vous changer. Il s'agit simplement de vous consulter et d'en parler jusqu'à ce que vous ayez conclu une nouvelle entente pour solutionner le présent malaise.

Comment puis-je devenir indifférent à la souffrance de mon ex-conjointe sans me sentir coupable? Présentement elle souffre du cancer en plus de vivre une grande peine intérieure.

Personne ne vous demande de devenir indifférent. Vous pouvez avoir de la compassion pour quelqu'un sans vivre d'émotions. Il est possible d'être sensible sans être émotif. La souffrance de votre ex-conjointe lui appartient et elle seule sait pourquoi elle vit cette souffrance. Elle n'en est peut-être pas entièrement consciente mais le travail intérieur se fait quand même.

Vous avez peur de vous sentir coupable parce que vous croyez probablement qu'une personne indifférente n'est pas une bonne personne. Révisez la définition que vous avez de l'indifférence. Vous désirez ne pas vivre la souffrance de votre ex-conjointe et cela n'est pas de l'indifférence. C'est de l'amour pour vous-même et pour elle. L'amour véritable est la capacité de donner le droit aux autres de vivre ce qu'ils choisissent de vivre même si cela ne vous semble pas être un bon choix. Souvenez-vous qu'elle a tout autant que vous le pouvoir de choisir: elle peut utiliser sa maladie comme un cadeau qui l'aide à élever son niveau de conscience ou elle peut choisir de la vivre dans la douleur et la résistance.

Suite à une rupture amoureuse, j'ai développé une maladie psychosomatique, soit l'incontinence urinaire. Comment reconnaître ma responsabilité et comment m'en sortir?

Commencez par accepter que ce malaise physique est là pour vous aider à réaliser que votre réaction à cette rupture amoureuse n'est pas bénéfique pour vous. Une personne responsable est quelqu'un qui s'admet ou qui s'avoue que son problème physique vient de sa façon d'être, de ce qu'elle vit intérieurement.

L'incontinence est généralement causée par une perte de contrôle aux niveaux physique et émotionnel, le liquide étant relié au côté émotionnel de l'être humain. L'incontinence urinaire, quand elle est vécue par de jeunes enfants, indique une grande peur de l'autorité du père qui se manifeste par la peur de se faire punir et de ne pas être aimé

…enfant se contrôle donc beaucoup pour …aisir à son père et pour être aimé de lui. La …st le seul moment où il peut relâcher ce …rôle.

L'incontinence qui survient à l'âge adulte est …eulement un rappel qui vient réveiller cette peur que vous viviez dans votre enfance pour vous aider à devenir consciente qu'elle est encore présente en vous. Il est fort probable que vous ayez vécu avec votre compagnon le même problème affectif que vous viviez avec votre père. Vous me demandez comment faire pour reconnaître votre responsabilité? Vous l'avez déjà reconnue.

Donnez-vous maintenant le droit de vivre encore cette même peur, la peur de ne pas être aimée, et devenez plus consciente du contrôle que vous exercez pour être aimée. Quand une personne se contrôle trop, elle finit toujours par perdre le contrôle. Reconnaissez que, parce que vous ne vous aimez pas encore assez, vous dépendez de l'amour de quelqu'un d'autre pour votre bonheur. Donnez-vous le droit d'être ainsi pour l'instant en sachant que ce n'est que temporaire. Eventuellement, vous vous aimerez suffisamment pour mettre un terme à cette dépendance affective. Graduellement, vous n'aurez plus besoin de vous contrôler autant; alors il n'y aura plus de perte de contrôle.

Comment aider une personne âgée qui veut retrouver le physique de ses vingt ans? Il est paralysé depuis quatre ans. Est-ce la faute des médecins?

Lorsqu'un problème physique survient, cela ne peut jamais n'être que la faute du médecin. J'admets qu'il y a des erreurs médicales et que certains médecins, par négligence, font parfois du tort à des patients non seulement physiquement mais aussi à d'autres niveaux. Il y a des erreurs dans tous les métiers: l'erreur est humaine. Ceci fait encore partie d'un plan d'ensemble. Le médecin a besoin de prendre sa responsabilité: comment réagira-t-il suite à son erreur?

La personne qui semble être la victime a elle aussi besoin d'apprendre à aimer et à accepter l'erreur humaine au lieu de se révolter, détester, juger, critiquer et vivre du ressentiment. Nous avons toujours le choix et ce, dans toutes les situations: aller vers l'amour ou choisir la peur ou encore la haine.

Comment aider cet homme qui veut revenir à ses vingt ans? Je vois qu'il n'accepte pas de vieillir, qu'il veut retourner en arrière. Premièrement, vous a-t-il demandé votre aide et, si oui, comment veut-il être aidé? En général, la meilleure aide que vous puissiez lui offrir est de le faire parler et de l'écouter véritablement sans lui faire la morale, sans chercher à atteindre un résultat précis. L'écoute active consiste à l'écouter tout en lui posant des questions ouvertes pour le faire aller plus loin, lui permettant ainsi de découvrir ses propres solutions en s'écoutant parler. Peut-être va-t-il réaliser, en vous parlant, que son désir de retrouver le physique de ses vingt ans est irréaliste. Dites-lui qu'éventuellement il pourra revenir et revivre d'autres expériences dans une vie future. Cela pourra peut-être l'aider à mieux accepter son âge.

Je ne peux jamais sortir seule ou avec une amie sans que mon mari ne me critique ou me boude. Parfois, je sors quand même et parfois, je ne sors pas. D'une façon ou d'une autre, je ne suis pas bien. Si je sors, je me sens coupable. Si je ne sors pas, je suis malheureuse. Je sais que je laisse mon sentiment de culpabilité gagner mais je me sens impuissante. Que faire?

Il est clair que votre mari ne fait qu'exprimer ouvertement ce qui se passe déjà en vous. Il représente la partie de vous qui dit qu'une bonne épouse ne doit pas sortir sans son conjoint. Cependant, il y a une autre partie en vous qui veut parfois sortir avec quelqu'un d'autre. Il semble évident que la première est plus forte et gagne plus souvent. Prenez contact avec ces deux parties en vous et demandez-leur d'en venir à une entente afin de vous aider à être plus heureuse. Ces deux parties sont toutes les deux sûres d'avoir raison. Il ne s'agit pas d'en faire disparaître une. Elles travaillent toutes les deux pour votre bien-être. Il s'agit plutôt de les accueillir toutes les deux, de voir et sentir leur bonne motivation. À la longue, en se sentant accueillies et aimées de vous, elles n'auront plus peur d'être rejetées. Elles vous aideront alors à prendre la meilleure décision, c'est-à-dire à sentir quand il est mieux de rester avec votre conjoint et quand il est mieux de sortir seule avec vos amies.

Comment aider quelqu'un qui ne croit pas en lui-même, qui est négatif mais qui possède un potentiel inouï?

Vous êtes en train de me dire que vous voyez le potentiel de cet homme mais que lui ne le voit pas.

Premièrement, acceptez que cette personne ne peut pas voir sa propre grandeur pour l'instant et qu'il est inutile de le forcer à croire en quelque chose auquel il ne peut pas croire. Quand une personne se croit laide, même si le monde entier lui dit qu'elle est belle, un doute persiste quand même. Elle doute de la sincérité des gens et peut même se demander: *"Qu'est-ce qu'ils veulent de moi? Pourquoi me font-ils de tels compliments?"* Il s'agit simplement d'accepter l'idée que vous le voyez grand et que, présentement, il lui est impossible de se voir ainsi.

Vous pourriez vérifier s'il veut être aidé en lui disant: *"Moi, je vois ton grand potentiel mais je me rends bien compte que tu n'as pas une haute opinion de toi-même. Est-ce que tu aimerais que je t'aide? Est-ce que cela te plairait qu'on en parle? As-tu le goût de te voir aussi grand que moi je te vois?"* S'il accepte, faites-le parler, tout en sachant que vous n'êtes pas responsable du résultat de cette démarche. Vous faites de votre mieux, vous lui posez des questions, vous le faites parler. Ecoutez véritablement et utilisez chacune de ses réponses pour vous guider dans la prochaine question.

Ne forcez pas les choses, ne dirigez pas vos questions pour qu'elles aboutissent à un résultat déjà fixé d'avance par vous-même. Laissez-le faire, laissez-le décider de la direction de la conversation et respectez toujours ses limites. Si à un moment donné il vous dit: *"Je n'ai plus le goût d'en parler!"*, respectez son désir et dites-lui que vous êtes toujours disponible pour l'aider. Je sens que vous avez un désir sincère d'aider cette personne mais changer la croyance de quelqu'un d'autre n'est pas une mince affaire!

Comment aider une personne qui s'apprête à vivre une séparation à ne pas se sentir coupable? Il s'agit d'un homme marié depuis quinze ans et père de deux enfants de huit et quatorze ans.

Avant tout, cette personne vous a-t-elle demandé de l'aider? C'est le point le plus important à vérifier dans toute forme de relation d'aide. Vous devez aussi réaliser que lui seul peut s'aider véritablement. Son sentiment de culpabilité provient de sa perception mentale. C'est à lui de choisir s'il veut continuer à se sentir coupable ou s'il veut plutôt apprendre à s'accepter dans cette séparation. Dites-lui qu'il peut s'en donner le droit. S'il vous demande de l'aide, expliquez-lui que sa culpabilité provient de sa perception de la situation et de ses croyances profondes. Nos croyances sont très souvent basées sur ce que l'on nous a enseigné durant notre enfance, dans le milieu familial et scolaire. Aussi, vous pouvez lui faire lire les passages sur la culpabilité et la responsabilité compris dans ce livret.

Ma soeur a un cancer du sein qui s'est généralisé. Elle a été suivie par un guérisseur, elle est allée dans des soirées de prières, etc. Aujourd'hui, elle dit qu'elle s'abandonne dans les mains de DIEU et se prépare lentement à mourir. Elle a deux jeunes enfants de neuf ans et quinze ans. En tant que soeur, que puis-je faire?

Votre soeur semble avoir déjà fait son choix. Si sa décision est prise, il est important que vous la respectiez. Cependant, je constate que vous désirez lui venir en aide parce qu'il semble que vous ayez de la difficulté à accepter sa mort. Ce qui est important pour vous, c'est d'aller cerner la chose qui vous est la plus difficile à accepter. Que vivez-vous intérieurement?

La prochaine fois que vous irez la voir, partagez-lui que vous avez du mal à croire que sa décision de mourir soit la bonne. Demandez-lui comment elle se sent par rapport à sa décision. En lui posant des questions, vous pourrez déterminer si elle s'accepte réellement dans son choix. Si elle ne s'accepte pas, elle risque de se laisser mourir mais avec l'impression d'abandonner la partie et donc en se sentant coupable. Si tel est le cas, elle le regrettera plus tard car elle s'accumule du karma en agissant ainsi. Demandez-lui aussi comment elle se sent à l'idée que ses enfants n'aient que de vagues souvenirs d'elle plus tard et que quelqu'un d'autre vienne la remplacer dans son rôle de mère.

Il est important d'être capable de lui en parler ouvertement car cela peut l'aider à faire son processus intérieur et à devenir plus consciente des conséquences de sa décision. Acceptez ses réponses, quelles qu'elles soient. N'essayez pas de la diriger et de la convaincre de votre préférence personnelle ou de vos croyances comme par exemple qu'elle est trop jeune pour mourir, que ses enfants sont trop jeunes pour qu'elle les abandonne, etc. Ce sont vos croyances et elles vous appartiennent. Votre responsabilité est d'être capable d'aimer votre soeur même si son choix vous attriste.

Ma mère est présentement en institut psychiatrique depuis plus d'un an et est en attente d'un placement. Étant son seul contact extérieur,

je sens l'obligation de m'occuper d'elle. À part la confiance qu'elle me témoigne, quel est le cadeau à retirer de cette situation? Nos relations n'ont jamais été proches et sont quasi inexistantes.

Le cadeau, vous y faites allusion dans votre question. Voici l'occasion idéale de vous rapprocher de votre mère. Toutefois, comment composez-vous avec le fait de vous sentir obligée à elle? Le faites-vous avec votre coeur, pour le plaisir de donner? Vous sentiriez-vous coupable si vous ne le faisiez pas? Aucun enfant n'est obligé à ses parents et vice versa. Cependant, les liens existant entre parents et enfants créent des occasions magnifiques pour apprendre à donner sans attentes, à pratiquer le vrai don de soi. Ce don est un très beau cadeau à se faire car il permet l'ouverture du coeur donc l'ouverture au bonheur. Même si votre mère n'est pas en état de communiquer véritablement avec vous, rien ne vous empêche de lui parler et de lui témoigner votre affection. Votre rapprochement se fera au niveau de l'âme.

Comment aider mes enfants, mon ex-mari et son amie à être à l'aise dans nos rencontres lors des fêtes, anniversaires, etc? Moi, je suis très à l'aise avec son amie mais quand nous sommes tous ensemble, je les sens mal à l'aise.

Avez-vous vérifié auprès de votre ex-mari et de vos enfants si ce que vous ressentez correspond bien à la réalité? S'ils disent que oui, qu'ils sont effectivement mal à l'aise, veulent-ils que vous les aidiez? Je perçois en vous une femme qui prend la responsabilité du bonheur des autres sur ses épaules. Est-ce le cas? Vous êtes-vous engagée envers eux à voir à ce qu'ils soient toujours à l'aise? Si oui, vous vous êtes donnée tout un contrat! Il serait bon de réviser votre notion de la responsabilité.

Vous dites que si une personne ne veut pas se faire aider, on ne doit pas la forcer. Que pensez-vous de Jésus qui a ressuscité Lazare et qui a guéri un aveugle?

Jésus a été le meilleur professeur que l'humanité ait connu en ce qui concerne la responsabilité, l'amour, etc. Il a toujours aidé ceux qui lui demandaient son aide. Même quand il guérissait des gens, il ajoutait toujours: *"Qu'il te soit fait selon ta foi"*; ce qui revient à dire que celui qui demandait son aide se guérissait selon sa propre foi. Jésus ne faisait que servir d'intermédiaire afin d'aider les gens à prendre contact avec leur propre lumière. Lazare était malade depuis longtemps et ce n'était pas la première fois qu'il demandait à Jésus de l'aider. Jésus lui répondait toujours: *"Non, pas maintenant, ce n'est pas maintenant que je dois t'aider."* Finalement, il l'a fait après sa mort en le ressuscitant.

Cela faisait aussi partie d'un plan d'ensemble. Plusieurs des miracles de Jésus faisaient partie d'un plan pour aider les humains de la planète à devenir conscients de certaines choses. Je ne vois pas, dans ces exemples de guérison, où Jésus aurait forcé les choses. Il y avait beaucoup de personnes dans l'entourage de Jésus et s'il avait voulu épater la galerie, il aurait pu guérir bien plus de gens. Mais Jésus savait exactement quand et avec qui utiliser ses dons. Il le faisait tout particulièrement quand il sentait un désir sincère chez la personne mais surtout, son repentir.

Les vrais guérisseurs d'aujourd'hui procèdent de la même façon. Ils ne se sentent pas responsables du résultat c'est-à-dire de la guérison. Ils ne s'évaluent pas selon les résultats qui, en réalité, appartiennent à ceux qui demandent de l'aide. Les personnes qui se croient responsables de la guérison de quelqu'un d'autre deviennent de grands orgueilleux spirituels et finissent malheureusement par perdre leur don de guérison. Pourquoi? Parce qu'ils ne donnent pas véritablement. Ils ont besoin du résultat positif, c'est-à-dire de la guérison des autres pour se sentir importants, valorisés. Ils profitent des autres plutôt que de donner sans attentes. Souvent, cela se retourne contre eux.

Par contre, la personne qui aide une autre personne à reprendre contact avec sa propre lumière sait qu'au moment où le contact se rétablit, cette autre personne s'est guérie elle-même. Voilà qui est merveilleux! Quand il n'y a pas de guérison, le vrai guérisseur ne s'en veut pas. Il ne perçoit pas cela comme étant un échec mais plutôt comme étant la voie du plan divin.

À quel moment doit-on aider et qui devons-nous aider?

Nous pouvons aider en tout temps, à condition de nous assurer que la personne accepte notre aide. Nous devons aider, dans la mesure du possible, tous ceux qui nous le demandent; c'est ce que nous appelons la charité humaine. Quand une personne nous demande de l'aider, alors nous savons que c'est toujours le bon moment de lui venir en aide.

Quand une personne ne nous a rien demandé mais que nous croyons sincèrement que le moment est idéal pour lui venir en aide, nous pouvons l'approcher en lui disant que nous voulons l'aider, que nous avons quelque chose à lui offrir et que nous croyons sincèrement que cela serait bon pour elle. Par contre, nous devons nous assurer, avant de lui en parler, que nous sommes prêts à accepter la possibilité qu'elle refuse notre aide. Si nous ne nous sentons pas capables d'essuyer ce refus, c'est que nous ne sommes pas prêts à l'aider. Ce ne serait pas le bon moment pour nous car nous aurions trop d'attentes. Nous serions trop directifs et suggestifs.

J'ai beaucoup de difficulté à accepter l'idée que nous choisissons nos parents. J'ai lu cela dans votre premier livre et je dois vous avouer que ce n'est pas encore digéré. Je suis un enfant adopté et j'ai toujours le désir de connaître ma vraie mère. Pourquoi aurais-je choisi une mère qui déciderait de m'abandonner?

Pour apprendre à aimer malgré un abandon. Comme nous récoltons toujours ce que nous semons, en général un enfant abandonné est une âme qui a abandonné, de quelque façon, son propre enfant lors d'une vie précédente. Cette âme, se sentant coupable, ne se l'était pas pardonné. C'est probablement votre cas. En pardonnant à votre mère biologique de vous avoir abandonné, vous vous pardonnerez automatiquement.

Pour arriver à le faire, cela nécessite une ouverture du coeur, beaucoup d'amour et de compassion. Vous devez accepter que votre mère a agi au meilleur de sa connaissance, en fonction de ses limites à ce moment-là de sa vie. Un rejet est en réalité une expression de nos limites. Quand vous lâcherez prise par rapport à votre insistance à vouloir comprendre le geste de votre mère et que vous vous en remettrez à votre **DIEU** intérieur, vous atteindrez la paix intérieure. Votre **DIEU** intérieur sait ce qui est bon pour votre évolution.

Vous pouvez continuer à désirer rencontrer votre mère biologique mais en acceptant d'avance que le résultat final de ce désir soit laissé à la discrétion de votre **DIEU** intérieur. Si cette rencontre est bénéfique pour vous deux, elle aura lieu tôt ou tard. Si non, ce n'est que partie remise. Vous reverrez sûrement cette âme lors d'une prochaine incarnation ou entre deux vies, dans l'au-delà, le monde des âmes.

Que fait-on quand il y a une injustice au niveau d'un engagement? Je travaille dans un bureau avec une autre secrétaire et nous faisons sensiblement le même travail mais moi je travaille deux fois plus fort qu'elle et nous gagnons le même salaire. Elle est occupée à faire ses appels personnels et elle arrive souvent en retard. C'est toujours moi qui suis prise pour faire le plus gros du travail. Alors comment pourrais-je m'y prendre pour que mon patron se rende compte de la situation?

Ce dont vous devez toujours vous souvenir, c'est que vous êtes ici sur Terre pour vous améliorer. Vous vous êtes engagée à faire un certain travail pour votre patron et votre patron s'est engagé à vous donner un certain salaire en échange de vos services. Votre engagement est respecté de part et d'autre.

Si l'autre secrétaire ne respecte pas son engagement, cela ne concerne qu'elle. C'est elle qui récoltera éventuellement; le problème se situe entre elle et le patron. Cela n'a rien à voir avec vous. Cette belle occasion se présente à vous justement pour que vous appreniez à évaluer ce qui est important pour vous. Si vous estimez que vous ne recevez pas un salaire équitable pour le travail que vous accomplissez, prenez un rendez-vous avec votre patron pour négocier une augmentation possible.

Vous aurez beaucoup plus de chance d'avoir ce que vous voulez en utilisant ce que vous faites comme travail pour appuyer votre demande et non en vous comparant à l'autre qui en fait moins que vous. Se comparer à quelqu'un d'autre n'est pas la bonne voie à prendre pour arriver à ce que l'on veut. Je vous suggère de vous utiliser vous-même comme point de comparaison. Par exemple, comparez ce que vous êtes aujourd'hui à ce que vous voulez être un jour, ce que vous avez à ce que vous voulez avoir un jour. Ce n'est pas une formule miracle mais il vous sera plus facile, de cette façon, de déterminer vos vrais besoins, de vous fixer des objectifs plus proches de votre réalité.

Une femme qui se fait avorter est-elle coupable d'un meurtre?

On ne peut parler de meurtre que dans le monde physique. En réalité, on ne peut tuer un être car la vie se poursuit toujours. La personne qui décide de se faire avorter sait exactement ce qui la motive. Ce qui est important de savoir, c'est que nous sommes responsables de nos actes et que nous devons en assumer les conséquences. Nous devons accepter que la même chose pourrait nous arriver. Il se peut que nous vivions une situation identique mais que les rôles soient inversés: nous pourrions nous faire rejeter dans notre prochaine vie par la mère que nous aurions choisie. Ou encore, nous pourrions nous faire rejeter dans cette vie-ci au moment de débuter quelque chose.

Prenons le cas d'une mère qui choisit de se faire avorter parce qu'elle est consciente du fait qu'élever cet enfant maintenant dépasse ses limites. Dans un tel cas, je suggère que la mère fasse le processus suivant: elle demande pardon à cette âme de lui refuser la possibilité de se réincarner maintenant et, ensuite, elle se pardonne elle-même d'avoir pris une telle décision. Il arrive souvent que la même âme revienne s'incarner à travers la même mère quand celle-ci choisit d'être enceinte à nouveau. Le refus n'est que temporaire. Il ne faut pas non plus oublier l'expérience que vit cette âme de se faire retirer la possibilité qu'il avait d'entrer dans le plan physique. Se faire rejeter fait probablement partie de son plan de vie. Elle seule le sait; personne d'autre ne peut vraiment le savoir. Le plus important pour la mère est de se pardonner.

Si la raison est pûrement égoïste comme, par exemple, se faire avorter par peur d'altérer la beauté de son corps physique, les conséquences seront différentes. Cette femme récoltera possiblement un rejet par quelqu'un d'autre qui sera motivé par de l'égoïsme également.

Je suis le genre de personne qui a toujours peur de blesser les autres. Je dis oui trop vite quand quelqu'un me demande un service. Par la suite, je le regrette et je ne sais pas comment m'en sortir. Je me vois souvent en train de faire des choses que je n'ai pas le goût de faire. Que pourrais-je faire pour remédier à cela?

Vous dites oui très vite car votre grand coeur aimerait aider tout le monde. Mais, par contre, vous réalisez que vous allez souvent au-delà de vos limites. Étant trop occupé à aider les autres, vous vous oubliez. Vous avez besoin d'apprendre à vous désengager. Il est bon de pouvoir s'engager, d'être capable de faire des promesses mais il est aussi important de savoir se désengager. Se désengager signifie se donner le droit de changer d'idée.

Pour ce faire, allez trouver la personne et expliquez-lui exactement ce que vous venez de me dire: *"J'ai de la difficulté à dire non ou de la difficulté à reconnaître mes vrais besoins. Je m'en rends toujours compte trop tard et je veux te dire que j'ai changé d'idée. Je t'ai dit oui trop vite et je viens te voir pour te dire que je ne pourrai pas faire ce que je t'avais promis de faire. Je regrette si cela te cause des inconvénients mais à travers cela, j'apprends à mieux écouter mes besoins."* Cela va probablement déplaire à cette personne puisqu'elle comptait sur vous. Mais, après l'avoir fait plusieurs fois, vous réaliserez que cela vous demande beaucoup d'efforts et vous apprendrez ainsi à attendre quelques instants avant de répondre oui ou non à quelqu'un. En acceptant le fait que vous avez le droit de changer d'idée, vous apprenez ainsi à vous aimer davantage.

Cependant, au moment de vous désengager, je vous recommande de vérifier quel sera le prix à payer de ce désengagement. Vous pouvez vous demander: *"Quel est le pire qui peut m'arriver si je change d'idée?"* Vous allez réaliser, qu'en général, le prix à payer est minime contrairement à ce que vous pensiez. Une petite mise en garde: surtout n'utilisez pas votre imagination pour vous créer des peurs irréelles. J'ai entendu maintes fois des réflexions du genre: *"Le prix à payer va être bien trop cher; si mon amie se choque, elle ne voudra plus jamais me parler. Je risque de perdre l'amitié de cette personne."*

Si vous êtes porté à dramatiser ou à imaginer des tas de choses, prenez alors le temps d'aller vérifier auprès de l'autre personne si les conséquences de votre désengagement seraient aussi graves que vous l'imaginez. Exemple: *"Je t'ai dit oui trop vite. J'ai le goût de changer d'idée mais j'ai peur que tu sois fâchée et que tu ne veuilles plus me parler. Est-ce que mes peurs sont fondées ou est-ce le fruit de mon imagination? Je veux apprendre à me désengager mais, en même temps, je veux en connaître les conséquences."* Il est toujours bon de vérifier avant de sauter aux conclusions. Etant donné que vous avez tendance à avoir peur de blesser, vous avez sans doute une imagination très fertile que vous utilisez pour vous créer des peurs et pour imaginer d'avance des conséquences bien plus terribles qu'elles ne le sont en réalité.

Cependant, vous devez garder en mémoire que nous récoltons toujours ce que nous semons. Si vous êtes du genre à dire oui pour changer souvent d'idée par la suite, sachez que la même chose peut vous arriver. Vous devez toujours être prêt à récolter ce que vous semez, c'est-à-dire apprendre à ne pas vous fâcher si quelqu'un d'autre se désengage face à vous.

Pourquoi faut-il s'engager avec d'autres personnes? Ne serait-il pas plus facile d'attendre à la dernière minute et de décider juste sur l'impulsion du moment: ainsi, nous n'aurions pas à nous désengager?

Aucune loi ne dit que vous devez absolument vous engager. Il s'agit simplement de regarder ce qui vous plaît et ce que vous voulez récolter dans votre vie. Quand vous demandez un service à quelqu'un, quand vous invitez un ami chez vous ou que vous voulez aller au cinéma avec une autre personne et qu'elle vous dit toujours: *"Je ne sais pas, je te le dirai à la dernière minute"*, ce genre de réponse vous plaît-il vraiment?

Si oui, vous n'avez pas besoin d'engagement et ce, même si vous vivez une relation intime. Si l'autre personne ne veut jamais s'engager à vivre avec vous, à vous aimer ou à avoir une relation basée sur la fidélité, si cela vous plaît et que vous n'y voyez aucun inconvénient, cela veut dire que vous pouvez passer le reste de votre vie à ne pas vous engager. Il s'agit pour vous de vérifier ce que vous voulez vraiment et ce qui vous rend heureux dans la vie.

Certains prétendent que s'engager d'avance les empêche de vivre leur moment présent. Admettons que vous êtes invité à une réunion d'amis qui aura lieu dans trois semaines. Vous dites à la personne:

"Je vais y penser. Je te le dirai la journée même car moi je vis mon moment présent". Vous vous faites des illusions. Vous n'êtes pas dans l'ici maintenant. Vous êtes en train de vous demander aujourd'hui si dans trois semaines vous en aurez le goût. Au moment où vous répondez, vous vous placez déjà trois semaines plus loin.

Tandis que la personne qui vit son moment présent va plutôt vérifier à l'intérieur d'elle, au moment où elle reçoit l'invitation pour savoir quoi répondre. Elle se dit: *"Présentement, en cet instant même, ai-je le goût d'accepter cette invitation?"*. Si la réponse est oui, elle accepte en se donnant le droit de se désengager si un empêchement arrive.

Prenons aussi l'exemple de la personne qui ne veut pas s'engager dans une relation intime: elle a peur que cela ne dure pas et elle pense qu'en ne s'engageant pas, elle souffrira moins. En réalité, c'est tout à fait le contraire qui se produit. En ne s'engageant pas, elle ne fait pas de son mieux pour que la relation aille bien avec son conjoint. Quand il y a un engagement, les choses sont claires à l'intérieur de soi et l'on sait où l'on s'en va.

Présentement, j'ai un ami que je fréquente depuis un an et je suis prête à m'engager dans une relation à long terme avec lui. Mais lui me dit qu'il n'est pas prêt, qu'il a peur de s'engager. Vous dites que nous récoltons ce que nous semons. Comment se fait-il que cela m'arrive puisque je suis le genre de femme qui s'engage facilement? De plus, ce n'est pas la première fois que cela m'arrive. Plusieurs autres personnes ont de la difficulté à s'engager avec moi.

La question à vous poser est: *"Qu'est-ce qui me pousse tant à vouloir m'engager?"* Le faites-vous parce que vous vous croyez obligée de vous engager? Se pourrait-il que ce soit par peur de ne pas être aimée, par dépendance? Est-ce pour essayer de posséder une autre personne? Est-ce pour prouver quelque chose? Les gens de votre entourage qui ne veulent pas s'engager avec vous sont là pour vous refléter une partie de vous que vous ne voulez pas voir présentement. Vous ne semblez pas donner le droit à cette partie d'exister.

Il y a définitivement une partie de vous qui a peur de s'engager tout en ayant une autre partie qui dit: *"Non, il faut que tu t'engages."* D'où vient ce "il faut"? Avez-vous déjà vécu l'expérience de ne pas vous engager quand il aurait été préférable pour vous de le faire? Il est bon de s'engager mais il y a des circonstances où il est mieux de ne pas le faire. Ce n'est pas parce que l'engagement est généralement bénéfique que vous devez absolument vous engager avec tout le monde et dans tous les domaines. Il y a peut-être des moments où, tout en sachant que vous allez au-delà de vos limites, vous vous engagez quand même. Utilisez votre discernement pour atteindre un juste milieu.

Si on demeure avec quelqu'un qui est victime, le devient-on?

Seulement si vous acceptez de vous laisser influencer. Nous sommes constamment entourés de toutes sortes d'influences. Nous sommes libres d'accepter celles qui font notre affaire et de rejeter celles qui ne nous conviennent pas. Voilà pourquoi il est si important de devenir plus conscients, plus éveillés, afin de ne pas nous laisser manipuler et influencer à notre insu. Quand nous sommes influencés, ce n'est jamais de la faute de l'autre. Si cela peut vous aider à faire les efforts nécessaires afin de devenir plus conscients et moins influençables, cette expérience n'aura pas été inutile.

Moi je tiens toujours mes promesses et j'ai beaucoup de difficulté à accepter que les autres ne gardent pas leur parole. Cela m'arrive fréquemment: mes enfants me promettent de faire leur ménage et quittent la maison sans le faire ou mon mari me promet d'aller faire des courses pour moi et oublie de les faire. Je me retrouve souvent dans des situations où les autres ne gardent pas leur parole envers moi. Comment se fait-il que cela m'arrive?

Vous dites que vous tenez toujours vos promesses. Il y a peut-être des occasions où vous ne les tenez pas mais que vous n'en êtes pas consciente. Informez-vous. Demandez aux gens qui vous entourent et qui sont près de vous si vous gardez effectivement toujours votre parole. Il y a peut-être des circonstances tout à fait différentes de ce que vous vivez avec votre famille où vous ne gardez pas votre parole.

Peut-être est-ce avec vous-même: gardez-vous toujours vos engagements face à vous-même? Souvent, nous nous faisons des promesses que nous ne gardons pas. Nous nous promettons de faire de l'exercice physique tous les matins ou de faire plus attention à notre alimentation et nous n'en faisons rien. Lorsque vous oubliez de vous désengager avec vous-même, vous vivez la même déception intérieure que si quelqu'un d'autre n'avait pas tenu sa promesse envers vous. Regardez bien ce que vous vivez de façon à cerner les occasions où vous ne respectez pas vos engagements.

J'ai eu un amant pour une courte période de temps et je me sens coupable qu'il ne reprenne pas sa relation de couple avec sa femme. Je me sens coupable de tout ce qui a été détruit. Comment sortir de ce sentiment de culpabilité?

La relation entre votre ex-amant et sa femme ne vous concerne aucunement. C'est entre eux deux que cela se passe et leur relation n'a rien à voir avec vous. Par contre, dans votre échelle des valeurs, vous vous dites que ce n'est pas bien de fréquenter un homme marié. Vous devrez choisir l'une des deux solutions suivantes: soit que vous vous arrangez pour ne plus le refaire puisque vous vous en sentiriez coupable ou soit que vous changez votre système de valeur.

Pour changer une valeur, vous devez changer la croyance qui est derrière. Présentement, vous croyez que vous êtes responsable de ce que vivent deux autres personnes. Voulez-vous vraiment continuer à croire à cela? De plus, vous vous accusez. Êtes-vous vraiment coupable? Le but de votre aventure était-il de faire du tort à votre ex-amant et à sa femme? Vous avez présentement besoin de vous pardonner d'avoir agi à l'encontre de l'un de vos principes. Acceptez-vous et donnez-vous le droit d'avoir laissé vos désirs prendre le dessus. Cela ne veut pas dire que vous êtes une mauvaise personne.

Laissez votre ex-amant et sa femme organiser leur propre vie. Ainsi, vous aurez plus de temps pour la vôtre. Dans un autre ordre d'idée, il serait peut-être intéressant d'aller explorer pourquoi vous avez été attirée par un homme qui n'était pas vraiment disponible, pas encore complètement détaché de sa relation?

Est-ce que la notion de responsabilité découle de la loi de cause à effet?

Définitivement, oui. Quand nous disons que nous sommes responsables de ce qui nous arrive, c'est une autre façon de dire que nous récoltons ce que nous semons. La semence et la récolte sont notre responsabilité. Si je décide de faire un jardin et que je veux récolter des carottes, des patates et des navets, c'est ce que je dois semer. Si je sème autre chose, il est certain que je vais récolter autre chose. C'est facile à comprendre quand on parle de lois physiques mais cette notion de récolte s'applique aussi à toutes les autres lois et elles existent dans tous les plans.

C'est la raison pour laquelle il est important de regarder ce qui nous arrive et d'accepter que dans cent pour cent des cas, il n'y a jamais rien qui arrive pour rien. Certains incidents nous surprennent parce que nous n'avons pas l'impression de les avoir provoqués ou voulus. Il y a encore beaucoup de choses en nous qui sont inconscientes, non seulement par rapport à nos vies précédentes mais aussi par rapport à notre vie présente. Par exemple, la plupart des gens ont de la difficulté à se souvenir de ce qu'ils ont mangé la semaine dernière. Imaginez tout ce que nous avons pu penser, faire, dire et ressentir depuis notre naissance! Tout ce qui se passe en nous provoque un mouvement de l'intérieur vers l'extérieur pour nous revenir ensuite. C'est immanquable.

Un autre nom que l'on donne à la loi de cause à effet est la loi du boomerang; tout ce que nous lançons nous revient. On l'appelle aussi parfois la loi d'action-réaction: chaque action que nous mettons en mouvement provoque une réaction; la réaction provoque l'action suivante et ainsi de suite. L'effet est la manifestation extérieure de la cause intérieure. Les deux sont identiques. C'est la raison pour laquelle nous pouvons sans cesse utiliser ce qui se passe dans notre monde extérieur pour devenir conscients de ce qui se passe dans notre monde intérieur. D'autres appellent aussi cette loi la loi du karma: nous récoltons ce que nous semons. Si je sème de la bonté, de l'amour, de la compassion, de la tolérance, c'est aussi ce que je vais récolter. Les personnes qui sont plus conscientes regardent ce qu'elles ressentent et se disent: *"Est-ce que j'aime ma récolte?"* Si la réponse est non, elles doivent alors commencer à semer autre chose.

Je vais vous donner quelques exemples:

- En général, les parents veulent avoir des enfants capables de prendre leur responsabilité. Mais que sèment-ils? Au lieu de semer des leçons de responsabilité, ils décident tout à leur place.
- Et que dire de l'épouse qui veut que son mari s'occupe de l'entretien de la maison mais qui passe son temps à se plaindre de ce qu'il ne fait pas? En mettant sans cesse en évidence les

choses qu'il ne fait pas, il est plus que probable qu'il commence à en faire de moins en moins.

- Regardons maintenant la personne qui se plaint d'un manque d'affection. Si elle en manque, pourquoi n'en sème-t-elle pas? Elle n'a qu'à commencer à en offrir sans attentes à tous ceux qui l'entourent et elle en récoltera.
- Les personnes qui veulent vivre dans l'abondance et qui s'inquiètent toujours au sujet de l'argent, ayant peur d'en manquer, émettent des pensées de manque et c'est ce qu'elles récoltent.
- La personne qui veut être acceptée de son entourage mais qui est toujours en train de critiquer, ne sème pas ce qu'elle veut récolter.
- Le père qui bat son fils parce que celui-ci vient de battre le petit voisin ne récoltera lui-même que de la violence venant de son fils.

Ces exemples illustrent des situations très courantes de la vie de tous les jours. Il s'agit donc d'être conscients et de réaliser comment nous récoltons les incidents, accidents et réactions des autres face à nous. Cette responsabilité repose dans les mains de chacun d'entre nous. Chacun peut se dire: *"Je suis responsable de ce que je sème et je n'ai qu'à attendre la récolte."* La plupart des gens se plaignent de leurs mauvaises récoltes et croient que ce sont des facteurs extérieurs qui en sont responsables. Ils critiquent, jugent et en veulent au monde extérieur. Cette attitude va tout à fait à l'encontre de l'intelligence et de l'harmonie.

Je me suis fait voler récemment et je ne vois pas comment cela peut venir de moi étant donné que je n'ai jamais rien volé à personne. Je veux des explications.

Êtes-vous bien certain que vous n'avez jamais rien pris à personne? Regardez ce qui vous dérange le plus dans ce vol. J'entends souvent des personnes me dire: *"Ce qui me dérange le plus, c'est qu'il y a eu intrusion dans mon intimité; de savoir que des étrangers ont fouillé dans mes choses."* Si c'est votre cas, êtes-vous sûr de n'avoir jamais fouillé dans l'intimité de quelqu'un d'autre ou d'avoir voulu le faire? Ou encore de n'avoir jamais volé de temps à votre patron? Aussi, il est facile d'oublier de dire au commis ou à la serveuse qu'elle a fait une erreur sur la facture (à notre avantage, bien sûr!), etc. De plus, ce vol vous permet de choisir entre le pardon ou la rancune. L'univers utilise tous les moyens possibles afin de nous aider à ouvrir notre coeur. Voici donc une belle occasion qui vous est présentée.

Vous dites que nous récoltons ce que nous semons. Moi je fais tout pour ma femme: je lui apporte mon salaire à chaque semaine, je suis toujours là quand elle a besoin de moi, je m'occupe du ménage et des enfants avec elle. Enfin, je me considère comme un époux modèle. Je me demande toutefois pourquoi elle est si égoïste. Elle ne fait pas la moitié de ce que je fais pour être aimé. Il me semble que je passe toujours en dernier et qu'elle pense toujours à elle en premier. Comment se fait-il que je ne récolte pas ce que je sème?

Nous récoltons toujours selon notre motivation. Dans les actions que vous faites, regardez ce qui vous pousse tant à être l'époux modèle. Faites-vous tout cela pour être aimé, par peur de ne pas être aimé, peur de perdre votre conjointe ou parce que vous avez peur de vous retrouver tout seul? En continuant d'agir sans reconnaître la peur qui vous motive, vous finirez par récolter l'objet de cette peur inconsciente. Vous vous sentirez de plus en plus seul, mal aimé, parce que c'est ce qui se dégage de vous à votre insu. Cette peur domine vos actions. Vous devez regarder et devenir conscient de cette peur qui vous motive intérieurement pour ensuite réaliser que c'est exactement ce que vous êtes en train de semer. Maintenant, vous comprenez la nature de votre récolte.

Pour y mettre un terme, il est important d'en parler à votre épouse, de lui exprimer votre peur et de vous accueillir dans ce que vous vivez. Admettez-lui qu'effectivement, vous ne faites pas toutes ces actions par générosité, par amour ou de bon gré mais plutôt par peur. Le simple fait d'aller exprimer que vous êtes maintenant conscient de ce que vous vivez vous aidera à vous défaire peu à peu de cette peur. Vous ne percevrez plus votre situation de la même façon. Une belle ouverture se créera dans votre relation pour faire de la place à du nouveau.

Quand vous dites que nous récoltons selon notre motivation, voulez-vous dire que si j'ai agi d'une façon qui ait blessé quelqu'un d'autre et qu'au moment où je l'ai fait, si je ne voulais vraiment pas blesser, je ne suis pas coupable?

C'est bien cela. Cependant, vous êtes la seule personne qui pouvez connaître votre motivation profonde. Si vous n'aviez vraiment aucune intention de blesser l'autre mais que cette personne vous accuse de l'avoir blessée, vous n'êtes pas coupable. Ce qui est arrivé, c'est que votre action a réveillé une vieille blessure non guérie chez cette personne. Toutefois, n'oubliez pas que tout nous revient. Cela veut alors dire qu'éventuellement, quelqu'un d'autre pourra vous faire quelque chose ou vous dire quelque chose qui vous blessera. Mais, tout comme vous, cette personne n'aura peut-être pas l'intention de vous blesser.

Je vis seule. Je me lève très souvent la nuit pour aller manger un morceau de gâteau avec un verre de lait. Ce que je ne comprends pas, c'est le fait que je marche sur la pointe des pieds et que je m'efforce de ne pas faire du bruit. Se peut-il que je me sente si coupable?

Vous avez déjà votre réponse. Il est évident que vous vous sentez même très coupable. Cette culpabilité est tellement profonde en vous qu'elle influence votre comportement malgré vous. Vous devez sûrement trouver cela bizarre d'agir comme si vous viviez avec d'autres personnes. De qui aviez-vous peur quand vous étiez jeune? Qui vous répétait que vous ne deviez pas faire ceci ou pas dire cela et qui vous culpabilisait si vous n'écoutiez pas? Si c'est votre mère, son influence est encore très présente en vous.

La prochaine fois que vous agirez comme si elle était là, je vous suggère de lui parler. Prenez deux chaises et placez-les de sorte qu'une soit pour votre mère et l'autre pour vous-même. Engagez une conversation avec elle en changeant de chaise quand elle vous parlera. Vous jouerez le rôle de la petite fille en vous qui a peur (une chaise) et le rôle de votre mère (l'autre chaise). Cette technique est très efficace pour régler des vieilles choses que nous traînons depuis l'enfance. Ne vous jugez pas, ne vous critiquez pas. Accueillez plutôt la petite fille en vous qui a encore peur de l'autorité. Réconfortez cette petite fille. Cette attitude vous aidera à accueillir votre peur et cette dernière se transformera peu à peu en confiance.

Je suis célibataire et je demeure seule. Mes parents sont âgés et souvent malades. Ma mère me traite d'égoïste quand je refuse d'accourir aussitôt qu'elle a besoin d'aide. Suis-je responsable de mes parents? Suis-je obligée de toujours être à leur service?

Votre coeur connaît la réponse à cette question mais votre tête la conteste. Aucun enfant n'est responsable du bonheur ou du bien-être de ses parents. Cependant, une partie de vous croit que vous êtes responsable d'eux et il est fort probable que vous vous traitez vous-même d'égoïste. Vous avez sûrement été influencée par vos parents qui croient qu'une bonne fille reconnaissante se doit d'être au service de ses parents. Surtout, si cette fille vit seule et n'a pas de famille à s'occuper.

Une personne égoïste est celle qui veut se faire plaisir au détriment de quelqu'un d'autre, qui prend ou qui veut prendre de quelqu'un d'autre.

Quand vous dites non à votre mère, vous ne prenez rien d'elle; au contraire, vous ne faites que vous affirmer et refuser quelque chose. Ce sont plutôt vos parents qui ont une attitude égoïste en voulant prendre de votre temps ou votre présence.

Toutefois, il est important de se souvenir que les parents et les enfants sont présents dans notre vie pour nous donner l'opportunité de faire des dons. Voilà une excellente façon pour nous ouvrir à l'abondance. Un don est considéré un vrai don quand il nous demande un certain effort. Si vous aidez seulement quand cela fait votre affaire, cela ne rapporte pas beaucoup en retour. Quand vous faites un vrai don, cela vous revient au centuple. Toutefois, tout en croyant à cette loi du retour, n'essayez pas de la contrôler. C'est-à-dire sachez que tout vous revient mais que le quand, comment et par qui doivent être laissés aux soins de l'Univers.

Je vous suggère d'avoir une bonne conversation avec vos parents et de leur exprimer ce que vous ressentez. Dites-leur que vous voulez leur rendre service avec joie, avec votre coeur, et que vous préférez refuser que de le faire à contrecoeur. Donnez-vous le droit de vous sentir frustrée ou abusée. Sachez cependant que ces émotions viennent de vous. Quand vos parents vous traitent d'égoïste, ils ne font qu'exprimer ce qu'ils ont appris, ce qu'ils croient. Ils veulent aider leur enfant à ne pas être égoïste. Ils ne vous veulent pas de mal. En révisant ensemble la signification du mot "égoïsme", cela aidera sûrement à améliorer vos relations. Ils ont le droit de faire leurs demandes et vous avez le droit de refuser.

Comment pouvez-vous affirmer que tout ce qui nous arrive vient d'une cause intérieure? Je suis arrêtée au feu rouge et une autre voiture vient frapper la mienne par en arrière. Comment en suis-je la cause?

Présentement, à cause de notre grande inconscience, il est très difficile de savoir exactement la cause intérieure de chaque incident (ou effet) dans notre monde extérieur. Prenons votre exemple d'accident. Même si vous n'êtes pas assez conscient pour savoir ce à quoi vous pensiez au moment de l'accident ou de quelqu'autre cause qui puisse l'avoir provoqué. Je vous suggère de débuter votre recherche à partir de cet accident.

Vous pouvez observer que chaque réaction a un effet extérieur, que cet effet devient la cause d'un autre effet et ainsi de suite. Si vous sortez de votre auto en colère en disant des bêtises à l'autre chauffeur, cette réaction peut devenir la cause d'une bagarre. La bagarre peut devenir la cause d'un bras cassé. Le bras cassé devient la cause d'un arrêt de travail. La colère face à cet arrêt de travail peut devenir la cause d'un ulcère à l'estomac. De plus, le fait de ne pas accepter cet accident peut devenir la cause d'un autre plus grand accident pour vous éveiller au besoin de revenir à l'amour.

Si, par contre, vous réagissez calmement face à l'accident, ce calme pourrait être la cause d'un accident qui se régle très vite. Celui qui vous a frappé peut devenir une connaissance utile pour vous. Qui sait?! Votre calme peut aussi être une leçon merveilleuse pour celui qui vous a frappé. Votre attitude peut être la cause d'une réaction très calme venant de quelqu'un d'autre quand vous serez vous-même la cause d'un accident quelconque.

Comme vous voyez, la loi de cause à effet est une succession de réactions qui s'enchaînent. Elle n'arrête jamais. À mesure que vous deviendrez plus conscient, il sera de plus en plus facile pour vous de savoir tout de suite la cause à tout effet. L'important est de ne pas s'accuser ou de se sentir coupable. Cette loi de cause à effet n'est pas là pour nous rendre la vie misérable. Elle est là seulement pour nous faire réaliser jusqu'à quel point nous sommes de grands créateurs. Quand une personne se rend compte qu'elle s'est créé quelque chose de non bénéfique, au lieu de s'accuser, elle se dit: *"Bravo, je viens d'apprendre par cette expérience que telle attitude, action ou décision n'est pas bénéfique pour moi."* En s'ouvrant à sa sagesse intérieure, elle peut ainsi utiliser chaque expérience afin d'améliorer sa qualité de vie. De plus, elle sait qu'il est possible qu'elle fasse parfois fausse route lors de ce grand voyage qu'est la vie sur Terre. Par contre, elle sait tout aussi clairement qu'elle peut retrouver sa route en remettant l'amour sur son parcours.

Je me sens souvent coupable d'être si heureuse avec mon conjoint alors que je vois mes parents qui n'ont jamais été heureux ensemble. Je me sens obligée d'aider ma mère en lui donnant de bons conseils et de l'attention. Pourquoi ne puis-je être heureuse sans me sentir coupable?

Ce que vous vivez est très fréquent. Beaucoup d'enfants se sentent coupables de surpasser leurs parents dans un domaine quelconque. Quand les parents ne sont pas heureux, il arrive souvent qu'ils s'accrochent à leurs enfants. Il est possible qu'inconsciemment vous vous soyez rendu compte que vous étiez la seule source de bonheur pour votre mère. Maintenant que vous connaissez du bonheur avec quelqu'un d'autre, vous vous sentez coupable d'abandonner votre mère.

Heureusement que vous en êtes consciente sinon cette culpabilité aurait pu vous amener jusqu'à créer des problèmes dans votre vie de couple pour vous aider à vous sentir moins coupable. Il est urgent que vous parliez à la partie de vous qui se croit responsable du bonheur de vos parents. Dites-lui que vous ferez de votre mieux pour les aider mais tout en vous respectant. Dites-lui que vous avez décidé que le bonheur de vos parents n'est pas votre responsabilité mais que le vôtre, l'est.

Même si vous quittiez votre conjoint pour aider vos parents davantage, il vous serait impossible de les rendre heureux. Leur bonheur ne peut venir que de l'intérieur d'eux-mêmes. Votre présence et votre aide ne sont qu'une illusion de bonheur pour eux. Acceptez aussi l'idée qu'il est tout à fait naturel qu'un enfant surpasse ses parents, tout comme un élève dépasse son maître. C'est cela l'évolution. Tout doit s'améliorer, tout doit se perfectionner. Chaque génération améliore quelque chose par rapport à la génération précédente. C'est ainsi que l'humanité avance au fil des générations.

CONCLUSION

Pour conclure, voici une réponse à une autre question que vous vous posez sûrement:

Pourquoi y a-t-il tant de culpabilité sur cette Terre quand cela semble ne servir qu'à nous faire souffrir?

La culpabilité est apparue sur la planète en même temps que la séparation des sexes. Avant, nous ne faisions qu'être, nous ne connaissions pas la notion du bien ou du mal puisque cette notion, issue du plan mental, n'existait pas encore dans les débuts de l'histoire humaine.

En même temps que la culpabilité est aussi apparu le libre arbitre dont nous ne sommes devenus conscients qu'avec le développement ultérieur du plan mental. Maintenant, nous savons au plus profond de nous-mêmes que nous avons toujours le pouvoir de choisir. Nous sommes d'ailleurs les seules créatures vivantes à être dotées de ce privilège. Nous savons aussi que nous devons retourner à notre essence et que, pour ce faire, la voie de l'amour s'avère la plus rapide. Dès que nous ne choisissons pas la voie de l'amour dans une situation dérangeante qui nous fait réagir, nous savons que nous retardons ce retour; d'où notre sentiment de culpabilité.

Cette culpabilité nous fait souffrir parce que ce n'est pas **DIEU** en nous qui nous déclare coupable. C'est notre intellect. Nous laissons notre intellect décider pour nous. Nous l'écoutons sans cesse. Il est devenu notre **DIEU**, notre faux maître. Comme l'intellect, ou le mental inférieur, n'est constitué que de mémoires, il nous accuse en se basant sur ce qu'il a appris dans le passé. Voilà notre plus grande source de souffrances. Notre **DIEU** intérieur ne connaît que l'amour et le moment présent. Que nous fassions quoi que ce soit, notre **DIEU** intérieur nous pardonne toujours et considère chaque situation comme une expérience pour apprendre, pour retourner à notre source.

À date, nous avons cru que la culpabilité était le moyen par excellence pour nous aider à reconnaître nos torts et pour nous assurer de ne plus recommencer. Notre intention était bonne: celle de s'améliorer. Il est cependant urgent que nous reconnaissions que ce moyen n'a jamais eu le résultat désiré. Plus nous nous accusons, plus nous recommençons et plus nous nous sentons coupable. C'est une cercle vicieux qui fait souffrir la grande majorité des humains. De plus, la culpabilité rend malade, fait vieillir et fait mourir l'humain prématurément. L'amour et le pardon sont les moyens par excellence pour nous améliorer. Lorsque nous serons suffisamment conscients du grand amour de notre **DIEU** intérieur, nous nous libérerons de cette culpabilité qui n'est jamais bénéfique.

Révisons ensemble ce petit livret:

Être responsable, c'est la qualité de celui qui assume les conséquences de ses décisions, de ses actions, de ses paroles et de ses réactions.

S'engager, c'est se lier par une promesse verbale ou écrite avec soi-même ou envers quelqu'un d'autre.

Être coupable, c'est vouloir et savoir que l'on pourrait nuire ou faire du tort à soi-même ou à quelqu'un d'autre et décider de le faire quand même.

Se sentir coupable, c'est se croire coupable et ce, en fonction de nos propres valeurs qui viennent elles-mêmes de nos croyances.

Pour les gens qui auraient de la difficulté à se situer par rapport à la notion de responsabilité, voici quelques indices qui vont vous aider à ce niveau.

De façon générale, j'ai remarqué que dans un couple, l'un des deux se croit responsable du bonheur de l'autre alors que l'autre croit que son conjoint est responsable de son bonheur. Les deux ont une notion biaisée de ce qu'est la responsabilité.

Prenons le cas de la personne qui se croit responsable du bonheur de l'autre. Cette personne se sent facilement coupable par rapport à l'autre. Elle ne cesse de se justifier, explique tout avec maints détails, se répète même plusieurs fois afin d'être sûre d'être bien comprise. Elle a très peur d'être accusée car elle-même s'accuse déjà suffisamment de ne pas être assez correcte envers l'autre. Elle est souvent sur la défensive. Elle se croit accusée quand, en réalité, l'autre ne fait qu'émettre une opinion. Elle est très dépendante du bonheur de l'autre pour son propre bonheur. Elle est donc du genre à se tourner vers les dépendances physiques pour combler son vide affectif.

Prenons maintenant le cas de la personne qui croit que l'autre est responsable de son bonheur. La peur de se tromper est très prononcée chez cette personne qui est, de plus, très exigeante envers elle-même. Elle se valorise beaucoup par ses performances. Comme ces dernières sont rarement à la hauteur de ses exigences, elle aime mieux essayer de se convaincre que c'est la faute de son conjoint ou conjointe si cela ne va pas à son goût. Elle aime les compliments mais a de la difficulté à les accepter et surtout à y croire. Elle se complimente rarement car elle n'est "correcte" que si elle "fait" tout à la perfection. Elle oublie de se valoriser par ce qu'elle est. Elle semble égoïste et sans coeur aux yeux des autres car elle ne révèle pas les peurs qui l'habitent. Elle aime mieux se faire accroire qu'elle se trouve bien afin d'éviter de trop souffrir. Elle est aussi une personne dépendante car elle dépend d'une performance extérieure pour être heureuse.

Un excellent moyen pour développer la notion de responsabilité est de considérer chacune des personnes que nous côtoyons comme un de nos reflets. Cette approche est enseignée en détail dans le livret, ***"Les Relations Intimes"***. De plus, souvenez-vous que les autres ne peuvent percevoir de vous que ce qui émane de vous. Les pensées que vous avez de vous-même sont ressenties par les gens autour de vous. Elles sont comme des signaux que vous envoyez. Les gens qui poussent sur vos boutons ne font que réagir ou répondre à ces signaux. Vous êtes donc la seule personne responsable de ce que vous pensez de vous-même. Vos proches répondent ainsi parfaitement à l'image que vous vous êtes créée de vous-même. Changez votre image intérieure et ce qui émanera de vous changera en même temps. Aimez-vous pleinement et les gens ne pourront réagir ou vous répondre que par l'amour.

Tout comme nous sommes responsables de nos décisions, nous sommes aussi responsables de nos désirs. Nous voulons et nous désirons beaucoup de choses dans la vie; c'est la nature humaine. Mais souvent, nous ne connaissons pas les conséquences de désirer telle ou telle chose. N'ayant souvent pas encore appris à jouir de la vie, à croire que nous avons droit au succès, à l'abondance, à l'amour, il nous est difficile de déterminer clairement quelles en seront les conséquences et l'impact sur notre vie.

Donc, avant de demander ou de décider d'avoir un conjoint, un certain travail, un enfant ou la richesse, prenez le temps de vérifier quelles peuvent en être les conséquences. Êtes-vous prêt à les assumer? Si la réponse intérieure est oui, si vous pouvez assumer toutes les conséquences sans tomber malade, sans paniquer ou sans vouloir que quelqu'un d'autre vous aide à les supporter, alors vivez l'expérience. Si la réponse est non, donnez-vous le droit de ne pas pouvoir accéder à votre désir tout de suite en sachant que tout ce qui vit sur cette planète étant temporaire, il se peut que ce ne soit que partie remise.

En ce qui concerne l'engagement, il est important de connaître vos propres limites avant de vous engager. Au début, avant de bien vous connaître, vous aurez besoin de vous désengager assez souvent. Mais à travers diverses expériences, vous apprendrez graduellement à vous engager plus sagement et vous aurez de moins en moins besoin de vous désengager.

Pour conclure, je répète que la culpabilité est une des plus grandes causes de misères, de malheurs et de maladies chez l'humain. Voulez-vous continuer à vous accuser ainsi ou à accuser les autres jusqu'à la fin de vos jours? Êtes-vous heureux avec cette attitude? Je suis assurée que la réponse est non. Alors, que ferez-vous? Les autres ne peuvent rien pour vous. Vous seul avez le pouvoir de transformer cette culpabilité en amour, c'est-à-dire vous permettre ou permettre aux autres ce que vous auriez auparavant condamné. En sachant que tout est temporaire, vous savez qu'un jour vous arriverez à atteindre votre préférence.

Notes personnelle

Notes personnelle

Notes personnelle

Notes personnelle

Notes personnelle

Notes personnelle

Notes personnelle

Notes personnelle

Notes personnelle

Notes personnelle

Notes personnelle

Notes personnelle

Notes personnelle

Notes personnelle

Notes personnelle

Cours / Ateliers / Forfaits

Lise Bourbeau à débuté ÉCOUTE TON CORPS en 1982

Sa vaste expérience du comportement humain, ses recherches personnelles et ses études variées lui ont permis d'élaborer ses propres théories. Elle a établi la philosophie de son cours de base, "Écoute Ton Corps", sur le fait que l'être humain reçoit sans cesse des messages à travers son corps quand il ne sait pas s'aimer et aimer les autres d'un amour inconditionnel et sans attentes. Les malaises, les maladies, le manque d'énergie, les problèmes de poids, d'insomnie, de drogue, d'alcool, les accidents sont quelques-uns de ces messages. En transformant sa façon d'aimer, l'humain transforme sa vie physique, émotionnelle, mentale et spirituelle.

Fondé en 1982, le centre ÉCOUTE TON CORPS est devenu un des plus importants centre de croissance personnelle au Québec, grâce au dynamisme de sa fondatrice Lise Bourbeau.

Le centre a ses bureaux principaux à Montréal et à Bellefeuille (près de St-Jérôme). En plus du cours de base, une grande variété de cours ont lieu à chaque jour et les fins de semaine à ces deux endroits. Les sujets suivants y sont couverts: l'amour, les émotions, la confiance en soi, les peurs, la culpabilité, l'argent, la communication, le poids, la peur du rejet, la sexualité, la méditation, la spiritualité, le monde astral, etc.

En plus des cours, le centre de Bellefeuille vous invite à des semaines de repos, d'énergisation, de jeûne et de méditation. C'est un endroit magnifique dans la nature propice au calme et à la paix intérieure. Idéal pour se libérer de tout stress. Le centre de Bellefeuille offre une possibilité d'hébergement. Les places disponibles sont limitées, vous devez donc réserver à l'avance.

Pour transmettre son enseignement, Lise Bourbeau a formé elle-même ses animateurs et elle a créé d'autres cours pour vous aider à devenir de plus en plus conscient de ce que vous pouvez créer dans votre vie.

Le cours de base est offert dans plusieurs régions du Québec et de la France pour aider ceux qui aiment la philosophie de Lise Bourbeau. Ce cours aide à intégrer beaucoup plus vite cette approche et à l'appliquer dans la vie de tous les jours.

POUR PLUS D'INFORMATIONS OU OBTENIR NOTRE BROCHURE:

Montréal (514) 382-7361 ou 1-800-361-3834 Télécop.: (514) 382-7075
9675 Papineau, bur 380, Montréal, Canada, H2B 1Z5

Nous vous invitons à venir assister SANS FRAIS à un soir du cours de base d'une durée de 3 heures

Conférence de Lise Bourbeau sur cassette

- Cassettes, durée 90 min — 11.95$

(C-01) LA PEUR, L'ENNEMIE DE L'ABONDANCE
Découvrir toutes les peurs inconscientes qui empêchent l'abondance dans les biens, l'argent, le succès, l'amour etc...

(C-02) VICTIME OU GAGNANT
Prendre conscience de la partie victime en vous et de son influence nuisible dans certains domaines de votre vie. Comment la surmonter et devenir gagnant.

(C-03) COMMENT SE GUÉRIR SOI-MÊME
Les différentes façons de créer une maladie. Comment renverser le processus. Apprendre à prévenir une maladie.

(C-04) L'ORGUEIL EST-IL L'ENNEMI PREMIER DE TON ÉVOLUTION?
La description du comportement d'un orgueilleux, le prix à payer quand l'orgueil domine et quoi faire pour maîtriser l'orgueil.

(C-05) SEXUALITÉ, SENSUALITÉ ET AMOUR
Établir la différence entre la sexualité, la sensualité, la passion et l'amour véritable.

(C-06) COMMENT ÊTRE RESPONSABLE SANS SE SENTIR COUPABLE
Lise Bourbeau établit la différence entre être responsable, se sentir coupable et être vraiment coupable. Quelle est la véritable responsabilité de chacun?

(C-07) L'ÉNERGIE – COMMENT NE PAS PERDRE CONTACT.
Une explication simple et pratique des centres d'énergie (chakras) et comment bien calibrer l'énergie dans chaque partie du corps.

(C-08) LE GRAND AMOUR PEUT-IL DURER?
On traite de ce qui empêche l'amour intime véritable de durer et la signification du "don de soi". On y donne les divers moyens pour réussir à le vivre plus longtemps.

(C-09) COMMENT S'AIMER SANS AVOIR BESOIN DE SUCRE
Le grand scandale du sucre depuis 400 ans sur la terre. Les effets du sucre chez l'être humain. Devenir conscient de votre addiction au sucre pour compenser le manque d'amour ou de confiance en soi. Diabète et hypoglycémie.

(C-10) COMMENT ÉVOLUER À TRAVERS LES MALAISES ET LES MALADIES
Les différentes causes de maladies. La différence entre soigner médicalement et soigner métaphysiquement. La définition métaphysique de plusieurs malaises et maladies.

(C-11) LA PEUR DE LA MORT
D'où vient la peur de mourir? Qu'arrive-t-il véritablement à la mort? Transition à la dimension astrale.

(C-12) LA SPIRITUALITÉ ET LA SEXUALITÉ
Le développement de l'énergie sexuelle. La grande influence du complexe d'Oedipe sur notre vie sexuelle d'adulte. L'homosexualité, l'inceste.

(C-13) MA DOUCE MOITIÉ, LA T.V.
Quelle est l'influence de la télévision dans votre vie? Comment apprendre à vous connaître à travers les émissions que vous regardez?

(C-14) LA RÉINCARNATION VOLET I
Des réponses aux questions sur la réincarnation et le karma. Ce qui se passe à la mort. Le plan astral.

Commandez au (514) 382-7361 ou 1-800-361-3834

Catalogue

(C-15) LA RÉINCARNATION VOLET II
La réincarnation de la terre dans ses moments de gloire ou d'épreuve. Les grands êtres qui gèrent la terre dans l'invisible. Les prophéties futures de la terre. L'ère du verseau.

(C-16) LA SPIRITUALITÉ ET L'ARGENT
Les attitudes négatives qui bloquent l'arrivée de l'argent dans notre vie. L'argent est une énergie divine. Quinze moyens concrets pour être en contact avec cette énergie, l'argent.

(C-17) LA SPIRITUALITÉ DANS LA RELATION PARENT-ENFANT
Les désirs des parents pour leurs enfants sont-ils vraiment bénéfiques pour eux ? Comment avoir des relations harmonieuses entre parents et enfants?

(C-18) LES DONS PSYCHIQUES
Que veut dire être psychique? Est-ce avantageux ou non? Comment utiliser les dons psychiques. L'avantage de développer l'intuition. Pourquoi certains enfants sont-ils hyperactifs et font des cauchemars?

(C-19) ÊTRE VRAI... C'EST QUOI AU JUSTE?
Pourquoi est-ce si difficile d'être vrai? Comment y parvenir dans différents secteurs de notre vie: au travail, en société, en famille, avec le conjoint, avec soi-même...

(C-20) COMMENT SE DÉCIDER ET PASSER À L'ACTION
Qu'est-ce qui nous empêche de se décider ou de passer à l'action? Comment stimuler notre merveilleux pouvoir de créer.

(C-21) L'AMOUR DE SOI
L'amour de soi est basé sur un sentiment de fierté personnelle et légitime pourtant... Pourquoi est-ce si difficile de s'aimer? De se sentir aimé?

(C-22) LA PRIÈRE, EST-CE EFFICACE?
Devenir conscient de nos intentions quand nous prions et de notre façon de prier. La prière d'hier et celle de demain. Quelle différence y a-t-il entre une prière et une affirmation?

(C-23) LE CONTRÔLE, LA MAÎTRISE, LE POUVOIR.
Quelle est la différence entre ces trois termes. Que supposent-ils? Où et comment les utiliser et à quel prix.

(C-24) SE TRANSFORMER SANS DOULEUR
Être capable de prendre le risque de se transformer malgré les peurs et les douleurs. Expérimenter une nouvelle attitude face à l'amour, à sa responsabilité, à soi-même. Savoir se regarder, être vrai et s'exprimer.

(C-25) COMMENT S'ESTIMER SANS SE COMPARER
Lise Bourbeau nous aide à prendre conscience des ravages qu'un certain type de comparaison produit sur nous et comment cesser de l'utiliser.

(C-26) ÊTES-VOUS PRISONNIER DE VOS DÉPENDANCES?
D'où viennent les dépendances qui rendent les gens esclaves? Comment s'en libérer et devenir notre seul maître.

(C-27) LE POUVOIR DU PARDON
Comment utiliser le pardon pour briser les liens qui nous attachent à ceux envers qui on entretient des rancunes. Comment le pardon libère une énergie qui apporte soulagement et guérison sur le plan moral et physique pour ainsi créer une ouverture à l'abondance.

(C-28) COMMENT ÊTRE À L'ÉCOUTE DE SON COEUR
Nous verrons que le refus d'écouter son coeur pousse notre corps à nous envoyer des messages pour nous ramener sur le chemin de l'amour.

(C-29) ÊTRE GAGNANT EN UTILISANT SON SUBCONSCIENT
Lise Bourbeau explique la différence entre le conscient, l'inconscient et le subconscient. Comment parvenir à faire ressurgir les informations enfouies dans l'inconscient? Comment utiliser le subconscient à son meilleur et vous laisser guider par lui.

Téléphonez et obtenez un service de commande rapide

Catalogue

(C-30) COMMENT RÉUSSIR À ATTEINDRE UN BUT
Lise Bourbeau nous explique à travers l'aventure du livre "ÉCOUTE TON CORPS" comment elle est parvenue à son but ultime "enseigner à aimer" d'une façon très différente de ce qu'elle avait planifié.

(C-31) REJET, ABANDON, SOLITUDE
Pourquoi certaines personnes vivent constamment du rejet? D'où vient la peur d'être abondonné? La solitude: Le grand fléau des années 80. Quoi faire pour se défaire de ces peurs: être rejeté, être abandonné, être seul.

(C-32) BESOIN, DÉSIR OU CAPRICE?
Comment parvenir à déterminer ce qui nous rendrait vraiment heureux en identifiant nos vrais besoins. Apprendre à faire la différence entre les désirs et les caprices.

(C-33) LES CADEAUX DE LA VIE
Les cadeaux dans la vie ne sont pas toujours ce que nous croyons. Apprendre à voir dans chaque événement les avantages, les messages qu'ils nous apportent.

(C-34) JUGEMENT, CRITIQUE OU ACCUSATION?
Dans cette conférence,
Lise Bourbeau nous fait découvrir les bons aspects de la critique et comment l'utiliser pour nous connaître davantage.Comment s'exprimer sans juger ou accuser l'autre?

(C-35) RETROUVER SA CRÉATIVITÉ
Tout être humain est créatif, peu importe de quelle façon il l'exprime. Cette conférence nous fait découvrir que la créativité n'est pas exclusive aux artistes et qu'elle peut s'exprimer dans bien des domaines et de bien des façons.

(C-36) QUI GAGNE, VOUS OU VOS ÉMOTIONS?
Vous vivez sans cesse les mêmes émotions et vous aimeriez savoir pourquoi? Si vous voulez que cette ronde continuelle s'arrête, cette conférence vous en donne les moyens et vous aide à devenir conscient des façons que vous utilisez pour étouffer vos émotions.

(C-37) COMMENT AIDER LES AUTRES
Vous découvrirez différentes façons d'aider les autres. Quelle attitude avoir quand une personne a besoin de votre aide. Comment rester détaché pour demeurer efficace. Quoi faire quand vous vous sentez dépassé par les problèmes d'un autre.

(C-38) LE BURN-OUT ET LA DÉPRESSION
Lise Bourbeau décrit le profil psychologique des gens enclins au burn-out ou à la dépression. Quelle est la différence entre les deux? Quels malaises de l'âme se cachent derrière ces maladies? Les causes métaphysiques y sont également mises en relief, ainsi qu'un moyen efficace pour prévenir ou guérir ces malaises.

(C-39) LE PRINCIPE MASCULIN ET FÉMININ EN SOI
Dans cette conférence Lise Bourbeau nous fait voir comment la négation d'un de ces 2 principes influence notre tendance à vouloir dominer notre conjoint ou à lui être soumis. Grâce à une mini détente dirigée, elle nous fait découvrir lequel de ces 2 principes est le plus fort en nous. Vous verrez aussi comment il est possible de créer l'harmonie entre ceux-ci et par le fait même, améliorer toutes nos relations.

(C-40) LA PLANÈTE TERRE ET SES MESSAGES
Cette conférence souligne l'urgence de prendre conscience du parallèle entre les messages du corps et les messages de la Terre. Que signifient les raz-de-marée, les ouragans, les éruptions volcaniques et autres séïsmes.

(C-41) SANS VIANDE ET EN PARFAITE SANTÉ
Cette conférence a pour but de faire connaître les effets de la viande chez l'humain et comment s'habituer à un régime sans viande tout en écoutant les besoins du corps physique.

(C-42) DÉVELOPPER LA CONFIANCE EN SOI
Savoir faire la différence entre avoir confiance et faire confiance. Plusieurs moyens pratiques pour développer la confiance en soi, ce qui aide à développer la créativité et l'abondance dans sa vie.

(C-43) COMMENT LÂCHER PRISE
Savoir faire la différence entre le contrôle, le lâcher prise et la soumission. Les grands avantages du lâcher prise et plusieurs moyens pratiques pour y arriver.

(C-44) LES CROYANCES INCONSCIENTES QUI MÈNENT NOTRE VIE
D'où viennent les croyances? Savoir faire la différence entre celles qui sont bénéfiques pour soi ou non. Comment arriver à se défaire des croyances qui ne nous apportent pas le résultat désiré.

(C-45) LES PEURS QUI NOUS HABITENT
Le pourquoi des peurs - Comment voir le bon côté de vos peurs et les utiliser à votre avantage. Explication de l'agoraphobie (la peur d'avoir peur). Comment arriver à ne plus être manipulé par les peurs et à les dépasser.

(C-46) QUAND LE PERFECTIONNISME S'EN MÊLE
Comment rechercher la perfection et arrêter d'avoir peur de se tromper. Le lien entre le perfectionnisme, l'orgueil et la peur de dire la vérité. Quelle est la vraie perfection à atteindre.

(C-47) LE MONDE ASTRAL
Cette conférence explique ce qui se passe dans ce monde subtil, invisible pour la plupart des humains; Comment l'être humain est très manipulé par le monde astral sans en être conscient et quoi faire pour retrouver son propre pouvoir. Comment utiliser l'énergie astrale à son avantage.

(C-48) COMMENT VIVRE LE MOMENT PRÉSENT
Par des techniques pratiques, vous découvrirez ce que veut dire "vivre son moment présent" et comment y parvenir, tout en continuant de planifier le futur sans être prisonnier.

(C-49) ÊTES VOUS LIBRE, LIBÉRÉ OU MANIPULÉ?
Être libre est essentiel à son bonheur. Cette conférence permet de vérifier si vous dirigez vous-même votre vie, ou si vous êtes constamment manipulé. Comment peut-on arriver à cette liberté? En faisant la différence entre être libre, libéré ou manipulé.

(C-50) SAIS-TU QUI TU ES?
À travers cette conférence, par des moyens pratiques, vous apprendrez à mieux vous connaître, savoir qui vous êtes. Êtes-vous comme un de vos parents ou avez-vous développé une personnalité contraire? Saviez-vous que lorsque vous vivez des peurs, des émotions, des doutes...vous n'êtes plus vous-même?

(C-51) QUI EST TON MIROIR?
Utiliser tout ce qui vous entoure en se servant de la technique du miroir est le moyen le plus efficace et le plus rapide, selon Mme Bourbeau, pour apprendre à vous connaître et à vous aimer davantage. Sachez exploiter cette technique d'une façon constructive afin d'enrichir votre vie.

(C-52) SE CONNAÎTRE À TRAVERS SON ALIMENTATION
Apprenez à vous connaître davantage en sachant comment interpréter vos habitudes alimentaires. Pourquoi avez-vous tendance à manger plus salé, sucré, gras, épicé? Pourquoi avez-vous parfois envie d'aliments bien particuliers et pourquoi à certains moments mangez-vous plus qu'à l'habitude?

(C-53) LES PROPHÉTIES SONT-ELLES VRAIES?
Dans cette conférence, découvrez le but et comment interpréter les différentes prédictions faites depuis plusieurs siècles, comme par exemple la fin du monde prédit pour l'an 2000. Apprenez comment composer avec les prophéties sans en avoir peur, tout en restant réaliste face à ces dernières.

(C-54) COMMENT SE FAIRE PLAISIR
Découvrez l'importance de se faire plaisir plutôt que de seulement faire plaisir à ceux qui vous entourent! Apprenez à reconnaître ce qui vous fait

réellement plaisir et comment le faire. . . sans vous sentir coupable!

(C-55) LES MESSAGES DU POIDS *(disponible en janvier 93)*

(C-56) LES RAVAGES DE LA PEUR *(disponible en février 93)*

(C-57) QUOI FAIRE AVEC NOS ATTENTES *(disponible en mars 93)*

(C-58) LA MÉDITATION ET SES BIENFAITS *(disponible en avril 93)*

(C-59) COMMENT DÉVELOPPER LE SENTI *(disponible en mai 93)*

(C-60) BIEN MANGER TOUT EN SE FAISANT PLAISIR *(disponible en juin 93)*

(ED-01) CASSETTE DU LIVRE ÉCOUTE TON CORPS
Voici une adaptation audio du best-seller "Écoute ton corps — ton plus grand ami sur la terre". Pendant près de 2 heures, Lise Bourbeau vous partage la philosophie d'amour transmise dans son livre. Le texte est enrichi de dialogues joués par France Castel et Robert Maltais.

(F-01) COMMENT ÉVITER UNE SÉPARATION OU LA VIVRE DANS L'AMOUR. (PARTIE I)
Dans cette conférence Lise Bourbeau donne des moyens concrets pour éviter une séparation. Si elle devient inévitable, comment la vivre dans l'amour en limitant les répercussions sur soi ou l'entourage.

(F-02) COMMENT ÉVITER UNE SÉPARATION OU LA VIVRE DANS L'AMOUR. (PARTIE II)
Les questions et les réponses qui ont suivi la conférence de Lise Bourbeau. Le sujet y est précisé davantage et éclaire de nombreux points d'interrogation.

Cassettes de détentes dirigées

Cassettes de détentes dirigées et méditations:

- durée 60 minutes

(ETC-33) DÉTENTE DIRIGÉE "JE SUIS"
Face I: Une détente de base de trente minutes pour devenir conscient de vos désirs et besoins dans plusieurs domaines de votre vie.
Face II: Trente minutes de musique de détente.

(ETC-12) DÉTENTE DIRIGÉE "COMMUNICATION"
Face I: Une détente de trente minutes qui vous donne l'occasion de communiquer énergétiquement avec quelqu'un soit pour une demande soit pour un partage ou un pardon.
Face II: 30 minutes de musique de détente.

(ETC-13) DÉTENTE DIRIGÉE "PETIT ENFANT"
Face I: Une détente de trente minutes qui vous met en contact avec le petit enfant en vous et dans les autres. Cette détente aide à mieux accepter vos peurs et à ressentir de la compassion.
Face II: 30 minutes de musique de détente

(ETC-14) DÉTENTE DIRIGÉE "SITUATION À CHANGER"
Face I: Elle vous aide à devenir conscient d'une situation pénible à vivre. Vous découvrirez comment vous pouvez transformer votre vision de cette situation en la revivant dans l'harmonie plutôt que dans les émotions.
Face II: 30 minutes de musique de détente.

(ETC-16) DÉTENTE DIRIGÉE "ABANDONNER UNE PEUR"
Face I: Cette détente est un extrait de la Technique abandon enseignée dans un atelier de fin de semaine. Cette technique agit directement dans le corps d'énergie en affaiblissant la résistance qui crée le blocage émotionnel et énergétique. Elle a pour but de vous aider à lâcher prise d'une peur, d'une émotion, d'un stress ou de quelque situation difficile à vivre.
Face II: 30 minutes de musique de détente

(ETC-03) MÉDITATION "JE SUIS DIEU"
Face I: Vous pouvez méditer pendant 30 minutes avec le mantra d'Écoute Ton Corps.
Face II: Une autre méditation de trente minutes avec musique seulement.

(ETC-21) MÉDITATION NOTRE PÈRE
Face I: Explication méthaphysique du Notre Père par Lise Bourbeau ainsi que la prière chantée par Monique Bertrand, auteure et interprète de la chanson *Écoute Ton Corps*.
Face II: Méditation en trois parties, 10 min "Je suis Dieu" chantée, 10 min. attributs de Dieu par Lise Bourbeau, 10 min. musique seulement.

CHANSON

(TMB-2424) JE VEUX CHANTER L'AMOUR
Avec sa belle voix, Monique Bertrand veut partager avec vous quelques moments vibrants d'amour dont la chanson thème *Écoute Ton Corps* ainsi que deux autres de ses compositions. Quelques autres titres: L'amour en héritage, Deux fois plus qu'à vingt ans, Quand on a que l'amour, The Impossible Dream, etc.

Téléphonez et obtenez un service de commande rapide

Catalogue

Des livres de chevet par excellence

(L-01) ÉCOUTE TON CORPS –Ton plus grand ami sur la terre

Prix: 16,95$

Découvrez la philosophie d'amour que Lise Bourbeau veut vous partager. Elle est la preuve qu'en s'aimant et en acceptant son Dieu intérieur, tout devient possible. Tout en continuant à s'améliorer, son but est d'aider les autres à se guérir, à découvrir leur potentiel et à apprendre à s'aimer et s'accepter.

Ce livre offre une occasion d'apprendre de façon active, grâce aux exercices pratiques qui ponctuent chaque chapitre — à s'aimer et à aimer les autres. "On récolte ce qu'on sème, et en semant de l'amour, on ne peut qu'en récolter!"

(L-03) LISTEN to your best friend YOUR BODY

Prix: 16,95$ • Traduction anglaise du livre "ÉCOUTE TON CORPS"

(L-02) QUI ES-TU?

Prix: 16.95$

En raison de la grande popularité de son premier livre, Lise Bourbeau a décidé d'y donner suite.

Grâce à des exemples pratiques tirés de la vie courante, le lecteur sera émerveillé de se reconnaître à travers ce qu'il dit, pense, voit, entend ou ressent. Même l'observation des vêtements qu'il porte et du lieu où il réside le renseigneront sur lui-même.

De plus, ce livre décrit en détail la signification des formes du corps. Plus de 300 malaises et maladies sont expliqués dans leur sens métaphysique, aidant ainsi à en découvrir les causes profondes. Les résultats visés sont l'auto-guérison, l'amélioration de la qualité des communications inter-personnelles et un mieux-être général.

Commandez au (514) 382-7361 ou 1-800-361-3834

Catalogue

(L-05) JE SUIS DIEU WOW!

Prix: 16.95$

Dans son plus récent livre, Lise Bourbeau vous offre cette autobiographie au titre audacieux qui ne vous laissera pas indifférent. Elle s'y révèle entièrement. Un témoignage passionnant ainsi que plusieurs photos sur les événements de sa vie qui lui ont permis de reprendre contact avec son Dieu intérieur. Elle vous explique comment elle peut affirmer: "Je suis Dieu."

(L-04) AGENDA ÉCOUTE TON CORPS

Prix: 16.95$

Une formule originale d'un concept unique et très pratique qui contient une page par jour. Comme cet agenda n'est pas daté, vous pouvez le débuter à n'importe quelle période de l'année. De plus il contient une action à faire chaque jour pour vous aider dans votre cheminement intérieur.

(L-06) LES RELATIONS INTIMES

Prix: 9.95$

Lise Bourbeau répond à vos questions sur:
Les Relations Intimes.
Elle répond aux questions qu'elle a reçues lors de ses conférences et ateliers depuis quelques années. Ce livret est le premier d'une collection de 21 sujets différents.

(L-07) LA RESPONSABILITÉ, L'ENGAGEMENT ET LA CULPABILTÉ

Prix: 9.95$

Lise Bourbeau répond à vos questions sur:
La responsabilité, l'engagement et la culpabilté.
Elle répond aux questions qu'elle a reçues lors de ses conférences et ateliers depuis quelques années. Ce livret est le deuxième d'une collection de 21 sujets différents.

Téléphonez et obtenez un service de commande rapide

Bon de commande postale

Numéro du produit	Qté	TOTAL$

SOUS-TOTAL:	
❶ **TPS et TVQ = 15.56%** au Québec seulement	
ou ❷ **TPS = 7%** au Canada sauf Québec	
ou ❸ **États-Unis et Europe**	sans taxes
Frais de manutention:	
TOTAL:	

Profitez de nos escomptes de quantité sur les cassettes:

1 à 2 cassettes	Tarif normal	= **11.95$** /ch.
3 à 10 cassettes	10% rabais	= **10.76$** /ch.
11 à 20 cassettes	15% rabais	= **10.16$** /ch.
21 et plus	20% rabais	= **9.56$** /ch.

FRAIS DE MANUTENTION

CANADA / ÉTATS-UNIS
3.00$ (1 à 2 semaines de livraisons)

EUROPE ET MARTINIQUE
(6 à 8 semaines de livraison, par bateau)
(Appelez-nous pour une livraison par avion)

1 à 19 cassettes = 11.00$ *(par commande)*
19 à 26 cassettes = 12.60$ *(par commande)*
26 cassettes et plus = Appelez-nous avant de commander
1 livre = 11.00$ *(par commande)*
1 à 3 livres = 12.60$ *(par commande)*
3 livres et plus = Appelez-nous avant de commander

Autres pays: Appelez-nous avant de commander

Paiement par chèque ou mandat-poste à L'ordre de:
ÉCOUTE TON CORPS, 9675 Papineau, bureau 380, Montréal, Québec, Canada. H2B 1Z5.

EUROPE et ÉTATS-UNIS: Mandat international en fonds canadien ou par carte de crédit.

Pour un service plus RAPIDE effectuer votre paiement par carte de crédit:

VISA ☐ Numéro: ________________ Exp.: ___ / ___ (mois / année)

MasterCard ☐ Nom du titulaire: ________________

Signature: ________________

Nom: ________________

Adresse: ________________

Ville: ________________

Code postal: ________________

Tél. résidence: ________________ Tél. travail: ________________

Service *ultra-rapide* avec carte de crédit en téléphonant:

(Mtl.) **514-382-7361** ou sans frais au Canada **1-800-361-3834**

IMPRIMERIE QUÉBECOR
L'ÉCLAIREUR